JN295432

朝倉日英対照言語学シリーズ 7

[監修] 中野弘三・服部義弘・西原哲雄

語用論

Pragmatics

中島信夫 [編]

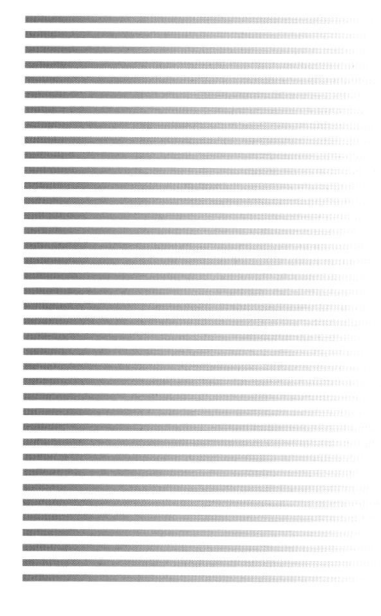

朝倉書店

シリーズ監修

中野　弘三　　名古屋大学名誉教授
服部　義弘　　静岡大学名誉教授
西原　哲雄　　宮城教育大学教育学部教授

第 7 巻編集

中島　信夫　　甲南大学名誉教授

執筆者（執筆順）

中島　信夫　　甲南大学名誉教授
東森　　勲　　龍谷大学文学部教授
春木　茂宏　　近畿大学文芸学部准教授
五十嵐海理　　龍谷大学社会学部准教授
塩田　英子　　龍谷大学文学部特任講師
村田　和代　　龍谷大学政策学部教授

刊行のことば

　20世紀以降の言語学の発展には目覚ましいものがあり，アメリカ構造主義言語学から，生成文法，さらには最近の認知言語学に至るさまざまな言語理論が展開・発展を続けている．これと同時に，急速なコンピューターの技術革新などによる，コーパス言語学をはじめとする各種の方法論の導入によって，言語研究は言語一般の研究分野においても，各個別言語の分析においても，日進月歩の発達を遂げてきたといえる．個別言語の1つである英語についても，共時的な観点と通時的な観点の双方から，さまざまな側面についての分析が行われ，その成果は，多くの論文や著書の形で公刊されるに至っている．

　言語一般の研究にせよ，各個別言語の研究にせよ，その研究分野は次第に特殊化・細分化されてゆき，その内容が複雑・多様化するに伴って，今日では，専門の研究者ですら，その分析手法などが異なれば，自らの研究分野での研究成果を的確に理解できないという事態が生じうる．このような状況では，英語学・言語学を志す初学者が手早く専門分野の知識を得たいと思う場合，また，英語や日本語教育に携わる教員が幅広く言語学全般の知識を得たいと思う場合に，大学での教授者がそのような要望に応えることは容易ではない．しかし，他方では，英語学・言語学の複雑多様化した研究分野についての的確な知識を初学者や言語教育者に提供する必要性は少なからず存在するものと思われる．

　そこで，われわれは，英語学，英語教育学あるいは言語学に関心をもつ学生，および英語・日本語教育関係者を読者対象に想定し，英語学・言語学の各専門分野についての概観を意図した『朝倉日英対照言語学シリーズ』の編纂を企画したのである．本シリーズの基本方針としては，日本人の母語である日本語との比較・対照を図ることにより，英語学の知識をいっそう深めることができるものと考え，可能な限りの範囲で，日英対照という視点を盛り込むよう，シリーズ各巻の編集・執筆者に依頼することとした．また，英語学・言語学の基本的な概念や専門用語を提示することとあわせて，それぞれの分野の最新の研究成果についても，スペースの許す範囲で盛り込んでゆくことを方針とした．本シリーズを教科書として

使用される教授者にとっても益するところがあるようにとの配慮からである．

　幸運なことに，各巻の編集者には，各分野を代表する方々を迎えることができ，それらの方々には，上に述べた基本方針に従って，それぞれの分野において特色ある優れた入門書兼概説書を編集してもらえるものと確信している．本シリーズの構成は以下の7巻からなる．

　　第1巻『言語学入門』西原哲雄 編
　　第2巻『音声学』服部義弘 編
　　第3巻『音韻論』菅原真理子 編
　　第4巻『形態論』漆原朗子 編
　　第5巻『統語論』田中智之 編
　　第6巻『意味論』中野弘三 編
　　第7巻『語用論』中島信夫 編

　読者の方々は各自の専門分野に関する巻はもちろん，そうでない他の巻や隣接する分野の巻についても参照されることを希望するものである．そうすることによって，読む人の英語学・言語学各分野についての理解はいっそう広まり，深まるものと確信する．

　2012年3月

　　　　　　　　　　シリーズ監修者　中野弘三，服部義弘，西原哲雄

まえがき

　本書は，言語学・英語学・日本語学のなかの「語用論」と呼ばれる分野を解説したもので，4つのテーマを中心に構成されています．①ことばが使われる具体的場面が，そのことばの解釈にどのように関係しているか（第1章），②言外の意味といわれるようなことば本来の意味ではない意味が，なぜどのようにして生まれてくるのか（第2章），③ことばを用いて行われるコミュニケーション行為にはどのようなものがあり，それらはどのような仕組みになっているのか（第5章），④対人関係のなかで，どのようなことばを選び，どのような調整を行っているのか（第6章）．

　そして，これらの主要テーマに関連した3つのテーマを第3, 4, 7章として付け加えています．第3章では，意味論で扱われる意味関係や論理関係が，文字通りではない意味にどのようにかかわっているかをみます．記号が出てきますが，簡単な練習問題を用意していますから，表を自分で描いて，頭ではなく「手で考える」作業をしてください．第4章では，「ことばでことば自身を説明する」ような「メタ（meta-）」的と呼ばれることば遣いをいくつかみてみます．込み入った説明も出てきますが，扱っているのは，普段，相手のことばを繰り返したり，心を読み取ったりするときに，何げなく行っていることば遣いです．第7章は，相手の名前を呼んだり，感情を表す表現を扱います．これらのことばは，その言語習慣が日本語と英語とではかなり違う興味ある分野であり，その感情的意味も研究対象として注目されています．最近，映画が語学教材としてよく用いられ，授業でこうしたことばを耳にしたり目にしたりする機会が多くあります．その用法を整理しておくことは，実態を正しく理解するうえで意味のあることと考えました．

　語用論で扱う「多様な意味」をとらえやすくするため，全体を，世界を客観的に写し出す働きからみた意味（表示的意味）を扱った前半部分（第Ⅰ部）と，ことばを使う行為者に関係した意味（対人的意味）を扱った後半部分（第Ⅱ部）に分けました．内容量としては，通年の使用に耐え得るものになっていると思いま

す．3章は2章を，6章と7章は5章を踏まえた内容になっていますが，各章は比較的独立しているので，序章と興味のある章を2つ3つ選んで半期の授業で使用したり，映画などを副教材として本書と併用することもできると思います．

　語用論は，ことばの使い方を研究しますが，使い方と意味は必ずしも一致しません．このことは，日本語と同じような英語の言い回しを見てみるとはっきりします．たとえば，どこかに出かけようとしている人に，英語では "Where?" ではなく "You think you're going somewhere?" などと聞くことがあります．「わかりきったことをどうして聞くの」と逆に聞きたくなりますが，日本語でも「どこに」ではなく「どこか行く（気な）の」と聞きます．どちらも相手に対する配慮でしょうか．それから，母親が子供に「何々しなさい」と言うと，たいてい子供は無邪気に「どうして」と理由を聞いてきます．英語では，そのとき，母親は "Because I said so. That's why." としばしば答えます．「これって，理由になっているの．親の権威を振りかざしているだけではないの」と言いたくなりますが，日本語でも，「しなさいって言ったらしなさい」と言います．これも「しなさいって言ったからです」と同じことで，理由にはなっていないのではないでしょうか．本文の解説でも同様の例がかなり出てきます．こうした例を「おもしろい」と感じてもらえば，本書の目的は半ば達成されたと思います．個人的には，語用論は体系的な知識ではなく，解釈の方法論のようなものではないかと思っています．

　本書は，各執筆者が分担して書いた原稿を集めたものですが，執筆の段階で二度ほど全員が集まり意見を交換し，できるだけ他の執筆者の書いた原稿にも目を通して修正を加えながらできあがりました．本書に見るべきものがあるとすればこうした協力関係のおかげです．全体の調整は，編者が行いました．その際，かなり手を加えたところもあり，編者の権限の範囲を越えてしまったかも知れません．いうまでもありませんが，至らないところがあれば，その責任は，すべて編者にあります．

　本書の編集から校正にわたって，朝倉書店編集部の方々にはたいへんお世話になりました．この場を借りて，お礼申し上げます．

2012年7月

中島信夫

目　　次

序章　語用論的意味 ……………………………………………［中島信夫］…1
  0.1　文の意味と発話の意味 …………………………………………………1
  0.2　タイプとしての文とそのトークンとしての発話 …………………3
  0.3　媒体物としての発話と発語行為 ………………………………………4
  0.4　表示とその意味 …………………………………………………………5
  0.5　話し手の意味 ……………………………………………………………7
  0.6　対人的意味 ………………………………………………………………10

［第I部　表示的意味］
第1章　意味のコンテクスト依存性 ………………………………［東森　勲］…13
  1.1　直示表現 …………………………………………………………………15
    1.1.1　直示について …………………………………………………15
    1.1.2　人称直示 ………………………………………………………16
    1.1.3　時間直示 ………………………………………………………16
    1.1.4　場所直示 ………………………………………………………17
    1.1.5　談話直示 ………………………………………………………19
    1.1.6　社会的直示 ……………………………………………………20
    1.1.7　英語と日本語との対照例 ……………………………………21
  1.2　前提 ………………………………………………………………………22
    1.2.1　会話における共有情報 ………………………………………22
    1.2.2　前提の引き金になる表現 ……………………………………23
    1.2.3　前提の複雑さ …………………………………………………25
  1.3　意味の確定と拡充 ………………………………………………………27
    1.3.1　意味内容の確定 ………………………………………………27
    1.3.2　飽和と自由拡充 ………………………………………………28
    1.3.3　省略 ……………………………………………………………29

第2章　会話における推論　　　［春木茂宏］…33

- 2.1　発話の「意味」に関する基本概念 …… 35
- 2.2　グライスの会話の原則 …… 36
  - 2.2.1　会話の原則：協調の原則と4つの公準 …… 36
  - 2.2.2　グライスによる含意の説明 …… 39
- 2.3　発話が伝達する意味の種類：含意の種類 …… 43
- 2.4　会話的含意の特性 …… 45
  - 2.4.1　取り消し可能性 …… 46
  - 2.4.2　発話内容からの分離不可能性 …… 47
  - 2.4.3　計算可能性 …… 47
  - 2.4.4　非慣習性 …… 47
  - 2.4.5　伝達後明示可能性 …… 47
  - 2.4.6　普遍性 …… 48
  - 2.4.7　完全特定化不可能 …… 48
- 2.5　グライス理論の課題と問題点 …… 48
  - 2.5.1　発話解釈における推論 …… 48
  - 2.5.2　公準の理論的課題 …… 49
  - 2.5.3　公準の限定性 …… 49
  - 2.5.4　公準と社会・文化の関係 …… 50
  - 2.5.5　慣習的含意について …… 50

第3章　意味論的意味との接点　　　［中島信夫・五十嵐海里］…53

- 3.1　意味論的含意 …… 53
- 3.2　尺度含意 …… 54
- 3.3　論理との接点 …… 58
  - 3.3.1　論理語の意味，真理条件 …… 58
  - 3.3.2　論理語 AND と OR の用法 …… 60
  - 3.3.3　論理語の働き …… 64
  - 3.3.4　誘導推論 …… 67
  - 3.3.5　トートロジーと矛盾 …… 69

第4章　メタ表示 …………………………………………［中島信夫］… 76
　4.1　メタ表示発話 ………………………………………………………… 78
　　4.1.1　メタ表示であることが明示されない場合 ……………………… 78
　　4.1.2　エコー・クエスチョン …………………………………………… 81
　　4.1.3　メタ表示否定 ……………………………………………………… 83
　　4.1.4　発話行為を修飾する副詞表現 …………………………………… 85
　4.2　心的状態のメタ表示 ………………………………………………… 88
　　4.2.1　心の理論 …………………………………………………………… 88
　　4.2.2　共有知識 …………………………………………………………… 89

［第II部　対人的意味］

第5章　発話行為 …………………………………………［塩田英子］… 93
　5.1　発話行為とはどういうものか ……………………………………… 94
　　5.1.1　遂行発話 …………………………………………………………… 94
　　5.1.2　発語行為，発語内行為，発語媒介行為 ………………………… 95
　　5.1.3　直接発話行為と間接発話行為 …………………………………… 97
　5.2　発話行為の分類と条件 ……………………………………………… 99
　　5.2.1　発語内行為の分類 ………………………………………………… 99
　　5.2.2　発語内行為の適切性条件 ………………………………………… 101
　5.3　コミュニケーション行為としての発語内行為 …………………… 102
　　5.3.1　発語内行為の意図 ………………………………………………… 102
　　5.3.2　意図の推論 ………………………………………………………… 103
　5.4　発話行為を修飾する表現と発話行為の多重性 …………………… 104

第6章　ポライトネス ……………………………………［村田和代］… 108
　6.1　ブラウンとレヴィンソンのポライトネス理論 …………………… 108
　　6.1.1　理論の概要 ………………………………………………………… 108
　　6.1.2　言語ストラテジー：ポジティブ・ポライトネスと
　　　　　ネガティブ・ポライトネス ……………………………………… 112
　6.2　ポライトネスと間接発話行為 ………………………［塩田英子］… 121
　　6.2.1　ストラテジーとしての間接発話行為 …………………………… 121

	6.2.2	発話行為とポライトネス ……………………………… 123
	6.2.3	発話の間接性とポライトネスの度合い …………… 125
6.3	ポライトネスと文化的側面 …………………………………… 126
6.4	ポライトネス研究の展開 ……………………………………… 127

第7章 呼びかけ語およびエピセットの用法 ……… ［中島信夫・東森　勲］… 131

- 7.1 呼びかけ語 …………………………………………………… 131
  - 7.1.1 呼びかけ語の働き ……………………………… 131
  - 7.1.2 呼びかけ語の種類 ……………………………… 133
- 7.2 エピセットを用いた感嘆表現 ……………………………… 136
  - 7.2.1 誓言，ののしり ………………………………… 136
  - 7.2.2 エピセットの構文的および意味論的特徴 …… 139

文 献 一 覧 …………………………………………………………… 145
索　　　引 …………………………………………………………… 155
英和対照用語一覧 …………………………………………………… 159

【本文中凡例】

(1) トークンとしての発話であることを明示・強調する必要があるときには，ダブル引用符を付した．

(2) 例文の下線は説明等の該当箇所を示す．

(3) 例文中の［...］は省略あるいは補うことができるという意味で，また（...）は補足説明をするときに使用した．

(4) 会話形式の例文において発言相手を示す必要があるときは，「AからBへの発言」を「A, B：...」のように表記した．

(5) 例外もあるが，著者名のない例文の引用元（例：*The Firm*）は，映画の題名を表す．

序章　語用論的意味

中島信夫

　語用論は，意味論と同じように言葉の意味を研究する学問であるが，意味のとらえ方が基本的に異なっている．意味論では，言葉そのものだけを取り出し，言葉そのもののもつある種の特性として意味をとらえようとする．これに対し，語用論では，話し手がある言葉を用いてどのようなことを意味しようとするのか，また聞き手がどのような意味としてそれを受け取るのかといったように，具体的な言語使用の場面で言葉が話し手や聞き手ともつ関係の中で，その意味をとらえようとする．この序章では，そうした意味のとらえ方における基本的な考え方および概念について解説する．

0.1　文の意味と発話の意味

　意味論では，文という統語的単位の意味を研究の対象とするが，語用論では，その文がコミュニケーションの場で話し手から聞き手への**発話**（utterance）として現れた場合の意味を研究対象とする．そこで，まず，そうした文の意味とその発話の意味との違いについてみてみる．たとえば，次のような平叙文は「三角形の内角の和は180°である」という幾何学の定理を述べている．

(1) 　In Euclidean geometry the inside angles of every triangle add up to exactly 180 degrees.

この文が次のようにAの質問に対するBの返答という発話として現れた場合，その発話の意味は同じく幾何学の定理を述べるもので特に変わってはいない．

(2) 　A：What is the sum of the angles in a triangle?
　　　B：In Euclidean geometry the inside angles of every triangle add up to exactly 180 degrees.

ところが次のような文では事情が変わってくる．

(3) 　It was his.

この文は，「ある物事は，ある男と何らかの関係のある物事であった」といったよ

うな非常に漠然とした意味であるが，次のようなコミュニケーションの場における発話として現れた場合には，具体的な意味をもつ．

(4) （交通事故の現場で）
　　警官：Well, whose fault was it?
　　男A：It was his.
　　男B：No, it was his.

この場面では，(3)の文は，男Aの発話と男Bの発話という異なった2つの発話として現れ，それぞれ次の(5a)と(5b)のような異なった意味をもつ．

(5) a. The car accident was B's fault.（事故はBに落ち度があった）
　　b. The car accident was A's fault.（事故はAに落ち度があった）

すなわち，(4)の事故現場での発話では，代名詞 it, his の意味が特定され，さらに過去時制 was によって発話が表す状況が発話の前の特定の時点であることが示される．

また，次の文では，いわゆる**直示表現**（deictic expression）の1つである1人称代名詞 I があるため，(3)の文と同じく文の意味としては誰について述べるかは特定されず，発話ごとに「その発話の話し手の体調とか何かが，良好あるいは大丈夫である」という意味になる．

(6) I am fine.

さらに，次のような場面での発話では，(7)の文の発話は，「（飲み物がなくても）大丈夫である」という意味に加えて，飲み物の提供に対する断りという役割をもっているが，この役割は文としての意味には含まれてはいない．

(7) Oliver：[Would you] Care for a drink?
　　Mitch：No, I'm fine.　　　　　　　　　　　　　　　　(*The Firm*)

以上のことからわかるように，(1)の例のように発話の意味が文の意味と同じである場合はまれで，一般には発話の意味は文の意味にはないさまざまな意味や役割をもつ．このような多様な意味を明らかにするためには，話し手が言葉を用いてどのようなことを意味しているのか，また聞き手がどのような意味としてそれを受け取るのかというところからみていかなければならない．したがって，語用論では，具体的な言語使用の場面で言葉が話し手や聞き手ともつ関係を明らかにし，その関係の中で意味をとらえていくことになる．以下では，このような意味のとらえ方の中に出てくる基本的な事項について解説する．

0.2　タイプとしての文とそのトークンとしての発話

　前節でみたように，1つの文はさまざまな発話として現れる．発話は，音声や書き連ねた文字として，話し手の行為あるいは出来事として耳とか目で知覚できる具体的なものであるが，文はそうした知覚ではとらえられない抽象的なものである．このような文とその発話との関係は，図1のような三角形の図形についての話と並行的に考えることができる．

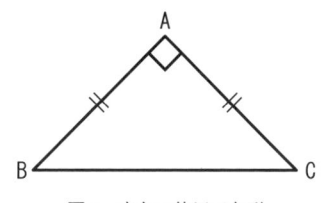

図1　直角二等辺三角形

　まず，(8) はこの紙面上の三角形について述べたものである．

(8)　図1の直角二等辺三角形は，長さ約 2.5 cm の等辺 AB および AC と，長さ約 3.5 cm の底辺 BC とからできている．

これに対し，(9) は，特定の三角形ではなく，図1と同じタイプの三角形一般，つまり「直角二等辺三角形」という図形の種類について述べている．

(9)　In an isosceles right triangle like figure 1, the length of the hypotenuse is $\sqrt{2}$ times the side's length.
　　（図1のような直角二等辺三角形では，底辺の長さは等辺の $\sqrt{2}$ 倍である．）

このような種類としての直角二等辺三角形一般のことを**タイプ**（type）と呼び，図1のような具体的な直角二等辺三角形の図はその**トークン**（token）と呼ばれる．タイプとしての直角二等辺三角形は1つであるが，そのトークンは無数にある．図1と同じ形のものは，別の紙にさまざまな大きさのものを描くことができるし，同じ形の三角定規や厚揚げもそのトークンである．

　文とその発話との関係もこうしたタイプとそのトークンとの関係としてとらえることができる．"I am fine." という文は3語からなる」というときの「文」は，タイプとしての直角二等辺三角形に対応し，(7) のミッチの発話や，今ここで "I am fine." と発音したときの発話は，トークンとしての具体的な図1や同じ形をした三角定規に対応する．語用論は，常にこのようなトークンとしての発話を対象にしている．

0.3 媒体物としての発話と発語行為

「発話」という用語は，「文を話す，あるいは，書く行為」を指すこともあれば，そうした行為によって生み出される物理的媒体（inscriptions）である音声ないし書かれた文字を指す場合もある（Lyons 1981）．以下では文を話したり書いたりする行為を**発語行為**（locutionary act），あるいは，簡単に発言（行為）と呼び，「発話」という用語は発語行為によって生み出される物理的媒体を指すことにする．発語行為とそれによって生み出される発話としての物理的媒体とのこのような区別は，ある人の発言を，伝達部と非伝達部の2つに分けて伝える直接話法の伝え方によって確かめられる．たとえば，(7)のミッチの発言 "I'm fine." を第3者のラマーが報告する場合，次のように伝達部分 Mitch said と被伝達部分 "I'm fine" とに分けて伝える．

(10)　Lamar：Mitch said, "I'm fine."

ここで，Mitch said の部分は，ミッチの発語行為を表し，"I'm fine" の部分はその行為によって生み出された媒体物である音声を表している．また，このように分けると，ミッチの発言のもつ「Mitch は（飲み物がなくても）大丈夫である」という内容は，媒体物としての発話の担う意味としてとらえ，「Oliver による飲み物の提供を断る働き」は発語行為の担っている意味として分けて考えることができる（5.1.2 を参照）．以下では，媒体物としての発話が表す種々の意味を**表示的意味**（representational meaning）と呼び，発語行為の意味を**対人的意味**（interpersonal meaning）と呼ぶことにする．

　発話の意味を「表示的」というのは，媒介物としての発話が一種の**表示**（representation）として，ある事態とか状態を表示する働きをしているからである．また，発語行為の意味を「対人的」というのは，一般に，発語行為の目的・意図がコミュニケーションを行うことであり，常に聞き手である相手との関係において行われるからである．一般に，行為の場合，その意味を問うことは，その行為者

の目的あるいは**意図**（intention）を問うことである．たとえば，「日記を書く意味は何？」という問いに対し，「心のうちをありのままに表現しようと（するために）書いているのだ」といった答えが考えられる．発語行為の場合も同様に，話し手の目的・意図を問うことがその意味を問うことになる．(7) におけるミッチの発語行為 "I'm fine" は，飲み物は欲しくないという心的態度を間接的に表明し，飲み物の提供を断ろうという目的・意図のもとに行われており，その目的・意図が発語行為の意味になっている．

0.4　表示とその意味

媒体物としての発話は，表示（物）としてある事態を表している．たとえば，次の会話において，エドの発話は，「女の子と昼食に行った」という事態を表している．

(11)　Erin：Where were you at noon today?
　　　Ed：I was out to lunch with the girls.

発話の表示するこうした事態を，その発話の「意味」と考えることができる．

そうした表示的意味には，文の意味をもとに直示表現や代名詞などの意味を確定することによって得られる文字通りの意味と，文字通りの意味をもとに推論によって得られる意味とがある．たとえば，次の (12a) は，(12b) のように，2つの事態の間に因果関係があると通例解釈される．

(12)　a.　I called and all came to the office.
　　　b.　I called and therefore all came to the office.

このような明示されない意味も表示的意味に含まれる．

一方，我々は，エドの発話について (13) のように，「エドはこれこれのことを言った」とか，「エリンは，（エドの言ったことを聞いて，）これこれのことを信じている」といった言い方をすることがある．

(13)　a.　Ed said that he had been out to lunch at noon.
　　　b.　Erin believes that Ed is out to lunch at noon.

この場合，that 節は，発話のように事態そのものを表しているのではなく，(13a) ではエドの発言の**内容**（content）を，(13b) ではエリンの信念の内容を表している．また，こうした that 節は，次のように真偽が問題とされるような内容を表す

のにも用いられる．

(14) a. It is true that much of the intelligence turned out to be wrong.
b. It is probably the case that the dog was the first animal to be domesticated.

(14) のような場合，that 節は，**命題**（proposition）を表すといわれ，(14a) では「これこれの命題は真である」，(14b) では「これこれの命題（の内容）は多分事実である」といったことが主張されている．(14) と同じように，発言内容についても，次のように真偽を問うことができる．

(15) What he said is true.

したがって，一般に，(13) のように発言内容とか信念を表す場合も that 節は命題を表すと考えることができる．

こうした命題は媒体物としての発話と違い抽象的なものではあるが，世界の「有り様」，あるいは，信念などの心的態度の「有り様」，を表している．そして，命題は，真か偽かが問われ，ある命題が真であるときには世界を正しく表しており，偽の場合には，間違ったことを表している（4.1.3 を参照）．この点で，命題も発話と同じく一種の表示（物）と考えることができる．

このように「発話」と同様に「命題」も表示物であるが，その違いは，「赤い（形容詞）」と「赤（名詞）」ということばの使い方の違いに似ている．たとえば，色とりどりの花のある花屋で，「赤いのをください」と言って花を買う場合，「赤い（の）」という言葉は，たくさんの花の中で特定のものを選び出して指し示す働きをしている．これに対し，次の例の「赤」という言葉は，そうした具体的なものではなく，対象物のアスペクト，つまり，有り様を表している．

(16) a. この絨緞にはこれでもかというほど赤が使われている．
b. 黒い靴なので，靴下の色次第で玉縁の赤も映えてきます．

また，命題は，われわれが発話を解釈し，それをもとにいろいろな推論を行ったりする場面で必要になる．たとえば，(17) における so の 2 つの用法の違いも命題を考えることによって説明できる．

(17) a. The road was icy, so she slipped.
b. These are his footprints; so, he's been here recently. (Carston 1993)

(17a) では「道路が凍っている状態」と「彼女が滑った」という事態との因果関係を so は示しているが，(17b) では，事態間のそうした因果関係を示しているの

ではなく，次のように言い換えられる．

(18) It is true that these are his footprints; so, it is true that he has been here recently.

この言い換えからわかるように，(17b)では前半の発言内容，つまり，命題，が真であることをもとに，後半の発言内容の命題も真であるという推論が行われており，soはそうした命題間の推論関係を示している．

0.5 話し手の意味

グライス（Grice 1957）は，「あの発疹はハシカだった（ハシカを意味した）(Those spots meant measles.)」といった場合のように自然的因果関係に基づく意味に対し，「人が発話によってあることを意味する」という場合の意味とはどういうことかを考察した．そして，ある話し手Sが，ある聞き手HにUを発話することによって，あることEを**意味する**（mean）ということを，次のような意図的行為として規定している．(if and only if は，「〜の場合で，その場合に限る」という意味で，概念とか関係を定義するときに用いる．3.3.3を参照のこと．)

(19) By uttering U to hearer H, speaker S means E if and only if :
S intends the utterance U to produce some effect E in H by means of the recognition of this intention.

つまり，SがEを意味するという場合，Hに効果Eを生み出すよう意図するだけでなく，「この意図（this intention）にHが気付くことによってEが生みだされるよう意図する」，というのである．ここで特徴的なのは，指示表現「この意図」による指示は，図2のボールド体の例と同じく，自分自身をも含む全体の意図を指し，いわゆる**自己言及的**（self-referential）とか**反射的**（reflexive）と呼ばれる関係になっていることである（Barwise 1989, Clark 1996）．

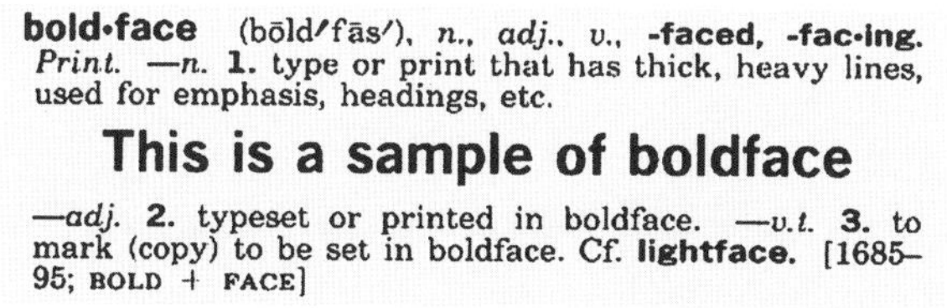

bold·face (bōld′fās′), *n., adj., v.,* **-faced, -fac·ing.**
Print. —*n.* **1.** type or print that has thick, heavy lines, used for emphasis, headings, etc.
This is a sample of boldface
—*adj.* **2.** typeset or printed in boldface. —*v.t.* **3.** to mark (copy) to be set in boldface. Cf. **lightface**. [1685-95; BOLD + FACE]

図2 *Random House Dictionary*, boldface の項

たとえば，ジョージが息子サムに対して次のような発話をした場合についてみてみたい．

(20) George, to Sam：I'm proud of you.

この発話によって，ジョージは自分がサムのことを立派だと思っていることをサムに信じさせようと意図する（これを意図 Ω とする）が，その意図 Ω の中にはサムがその意図 Ω に気付くことによって自分の思いを信じさせようとすることも含まれている．つまり，意図 Ω には，$\Omega = \{\cdots\Omega\cdots\}$ のようにその意図自身 Ω が含まれているのである．

この「話し手があることを意味する」という反射的関係は少しわかりにくいので，文字通り以外の意味が伝わる会話の例についてみてみる．

まず，次は，『道草』の一場面で，主人公健三と，健三に渡してあった生い立ちに関する書類を再度あらためた兄との会話である．

(21) 彼が何時もの通り服装を改めて座敷へ出た時，赤と白と撚り合わせた細い糸で括られた例の書類は兄の膝の上にあった．
「先だっては」
兄は油気の抜けた指先で，一度解きかけた糸の結び目を元の通りに締めた．
「今ちょっと見たらこの中に不必要なものが紛れ込んでいるね」
「そうですか」
この大事そうにしまい込まれてあった書付に，兄が長い間目を通さなかった事を健三は知った．兄はまた自分の弟がそれほど熱心にそれを調べていない事に気が付いた．

(夏目漱石，『道草』)

この会話で，健三と兄はそれぞれ相手の発話から文字通り以外の情報を得ているが，その情報は相手が伝えようと意図したことではないので (19) のいう意味行為ではない．

次は，ジャガーに追突されたエリンが，補償を求めて法廷で争っている場面である．

(22) Lawyer：So, you must've been feeling pretty desperate that afternoon.
Erin：What's your point?
Lawyer：Broke, three kids, no job. A doctor in a Jaguar must have looked like a pretty good meal ticket.
Ed：Objection.
Judge：Sustained!

> Erin：What? He hit me.
> Lawyer：So you say.
> Erin：He came tearing around the corner out of control!
> Lawyer：An ER (＝Emergency Room) doctor who spends his days saving lives was the one out of control?
>
> (Erin Brockovich)

この場面で医者方の弁護士は，ジャガーに乗った医者は良いカモに見えただろうとか，緊急治療室の医者が車を制御できなくなるのだろうかと言って，エリンが故意に追突したという推論を暗に誘導しようと意図している．しかし，その意図をエリンに気付いてもらおうとは意図していないし，特に陪審員にはその意図に気付かれると不利になるので，逆に意図を隠そうとしている．したがって，この場合に弁護士が意図していることは (19) の反射的な意図ではなく，グライスのいう話し手の意味していることにはならない．

3つ目は，勤めている法律事務所に自宅だけでなく車の中でも盗聴されていることに気付いたミッチと，そのことにまだ気付いていない妻アビーとの会話である．

(23) Driving her Peugeot, he raced through the short-term parking lot, paid the attendant and sped away toward midtown. After five minutes of silence, she leaned across and whispered in his ear, "Can we talk?" He shook his head. "Well, how's the weather been while I was away?" Abby rolled her eyes and looked through the passenger window. "Cold", she said. "Chance of light snow tonight."

(John Grisham, *The Firm*)

ここでミッチは，はっきり No と口に出して言えないので，いきなり天候のことを話題にして，事務所側に聞かれると困るような話ではなく，当たり障りのない話をするようにと，遠回しにアビーに伝えようとしている．そして，この場合それだけではなく，その伝えようとする意図を，アビーの質問とは関係ないことを言うとか，No と口で言わずに首だけ振るといったやや普通ではないことによって，気づかせようと意図している．この意図は (19) の反射的な意図で，グライスのいう話し手の意味の典型的な例になっている．

0.6 対人的意味

0.3節で述べたように,発語行為においては,その行為の意図が意味になる.一般に,発語行為のそうした意図とは,各種の**心的態度**(attitudes)を聞き手に伝えようとするコミュニケーション的意図である.たとえば,(24)の発語行為は,願望(desire)と遺憾の念(regret)といった心的態度を伝えようとする意図的行為で,それぞれ依頼行為,謝罪行為と呼ばれる.

(24) a. I want [you to give me] a hot chocolate. (依頼行為)
    b. I'm sorry, it was my fault. (謝罪行為)

こうした発語行為は,グライスのいう反射的意図を伝えようとするのもので,聞き手に,心的態度を伝えようとするその意図に気付いてもらえば,行為の目的・意図は達成され,行為は成就する.

(24)の例では,伝えようとする心的態度は明示されているが,次の疑問文で依頼行為を行うような場合は,明示はされていない.

(25) Can I have a hot chocolate?

こうした場合には,聞き手は,話し手の伝えようとする心的態度を,発話状況での推論によって,あるいは,慣用化した表現によって察知する.

また,次のような発話は,普通,相手の客観的な評価ではなく,否定的な感情を伝えて,相手を侮辱するものである.

(26) You are an idiot.

しかし,次の「誘ってくれるのを待っていたのに」と抗議する女性の発言の中ではまったく違った意味をもってくる.

(27) Skylar, to Will: You're an idiot. I've been sitting over there for 45 minutes waiting for you to come and talk to me, I'm tired now and I have to go home, and I ... I couldn't sit there any more waiting for you.

(Good Will Hunting)

ここで,スカイラーは,わざと侮辱的な発言をすることにより,相手との心的距離を縮めて親密度を高めようとしている.このように,発話の意味の確定には,その表示的意味だけでなく,相手との対人関係も関係している.

さらに,(25)の発話も(28)のようなディスコースの中に現れると,その意味,

ないし，働きは違ってくる．

(28) Customer：Do you have hot chocolate?
Clerk：Mm-hm.
Customer：<u>Can I have a hot chocolate [with whipped cream]</u>?
Clerk：Sure.
(Geis 1995)

ここでは，下線部の発話が単独で依頼行為を行っているのではなく，全体が1つの依頼作戦行動になっており，下線部はその作戦の中で1つの役割を果たしている．

🔍 より深く勉強したい人のために

語用論全般にわたっての知識を深めるには Huang（2007）が比較的読みやすく，グライス以降の関連性理論，新グライス学派についての解説や，意味論・統語論など他の分野との関連についての解説もある．Levinson（1983）は30年前のものであるが，今でも基本的文献としての価値はある．最近の動向について知るには Archer & Grundy（2011）が参考になる．

語用論について深く勉強するにはどうしても哲学者の書いた文献を読まなければならないが，そうした方面の案内には野本・山田（2002）の第II部，第III部が参考になる．グライスの「話し手の意味」については，グライス自身の Grice（1957）を読んでみるのがよい．これは10ページ程度の短いもので Grice（1989）に収められており，翻訳もある．

✏️ 演習問題

1. 単語 distinction の文字数の数え方として，「11文字」と「7文字」の2つの数え方がある．その数え方の違いはどこにあるか考えてみなさい．
2. 次のそれぞれの例で問題にしている「意味」は，意味論的意味（文字通りの意味），語用論的意味（言語使用の場での意味）のいずれであろうか．あるいは，それらのいずれでもないか．
   (a)「でも和子の家はお金持ちでしょう．だって和子のお父さん，小説家じゃない？うちのママがこのあいだこういってたわよ．世の中に医者と土地成金と小説家ぐらいほろいのはない，って」
   「ほろいってどういう意味？」
   「もうかる，ってことらしいわよ」
   （井上ひさし『ドン松五郎の生活』）
   (b) 玄関にとび込んできたのは例の課長補佐である．

「この鬼哭温泉が陸の孤島になってしまったんですよ」
「陸の孤島だと」
石上は課長補佐を睨み据えた．
「どういう意味かね」
「橋が，あの鬼哭橋が流されてしまったんです」

(井上ひさし『四捨五入殺人事件』)

(c) Tom：Mrs. Reynolds, do you mind if I don't come to tea this afternoon?
Laura Reynolds：Why…if you don't want to… How are you? (<u>She really means this question.</u>)　　　　　　　　　　　　(R. Anderson, *Tea and Sympathy*)

(d) George：I'm having a problem with cancer.
Sam：I don't…I don't know <u>what that means</u>. What kind of a problem?
George：The kind where there isn't any answer.
Sam：I still don't know <u>what it means</u>.　　　　　　(*Life as a House*)

(e) Alan：Then we'll all go to jail together.
Bob：<u>What do you mean by that?</u>
Alan：<u>Just what you think I mean.</u>
Bob：Are you threatening me?
Alan：Well, yeah, I guess I am.　　　　　　　　　　(*Dave*)

第Ⅰ部 ▶ 表示的意味

第1章　意味のコンテクスト依存性

東森　勲

　序章でみたように，自然言語の文は，一般には，そのままでは意味は確定せず，そのトークンである発話として現れて初めて意味が確定する．そして，話し手が意図したその発話の意味を，聞き手が解読する際の手がかりになるさまざまなものを合わせて**コンテクスト**（context）という（Allott 2010）．そこで，そうした手がかりとは具体的にはどういうものかを，コミックの登場人物を題名にした *G.I. Jane* という映画の次の会話を例についてみてみたい．場面は，最も厳しいといわれるアメリカ海軍特殊部隊の訓練に女性兵士を参加させることを画策した上院議員の自宅を，主人公の女性ジョーダン大尉が初めて訪ねたところである．

(1)　"Good evening, ma'am."　　　　　　　　　[U₁]
　　 "Good evening, Lieutenant."　　　　　　　[U₂]
　　 "Ma'am, may I ask what this is regarding?"　[U₃]
　　 "Didn't they tell you?"　　　　　　　　　[U₄]
　　 "No."　　　　　　　　　　　　　　　　 [U₅]
　　 "Oh well, this'll be a toot. You read, I'll pour."　[U₆]

・**発話状況**（utterance situation）：　まず，コンテクストの中心となるのは，話し手，話し相手としての聞き手，媒介物としての発話からなる，発話状況と呼ばれる**物理的状況**（physical environment）である．今，仮に (1) の会話が [U₁] から [U₆] の 6 つの発話からなるとした場合，それらの発話に対応して 6 つの発話状況が考えられる．そうした発話状況によって，I, you の指示対象が決まる．たとえば，発話 [U₃] における I のトークンはジョーダンを指し，[U₆] における I のトークンは上院議員を指すことがそれぞれの発話状況によって決まる．そして，発話 [U₆] の一部である (2) の発話の省略部分も，発話状況によって補われて意味内容（content）が決まる．

(2)　You read (x), I'll pour (y).　　　　x = that file, y = this whiskey

つまり，省略された x, y は，上院議員の目配せとか動作により，それぞれその発話状況内に存在する計画書をとじたファイルとお酒であることをジョーダンは理

解する．また，一連の発話状況の時間は夜ということで，[U_1]，[U_2]の挨拶は"Good morning"とかではなく"Good evening"でなければならない．

・**談話状況**（discourse situation）： それから，発話の連続からなる談話があり，それぞれの発話に対応した談話状況をもとに発話は理解される．ここでは，発話[U_4]，[U_5]の省略部分 x, y の復元についてみてみる．

(3) U_4：Didn't they tell you (x)? x = what it is regarding
  U_5：No, (y).   y = they didn't tell me what it is regarding

[U_4]では，先行する発話[U_3]の情報を持った談話状況によって x が復元され，さらに，[U_5]では，その[U_4]の情報を持った談話状況によって y が復元される．

・**認知状況**（cognitive environment）： また，世界についての話し手，聞き手の情報，そしてその情報のどれだけの部分がお互いの間で共有されているかといったことに関する認知状況が考えられ，これによって they, this の内容が決まる．ジョーダンが海軍という組織の一員であり上からの指示で行動しているということは，話し手と聞き手とが共有している情報，ないし，共有知識の一部であるから，そういう知識を含んだ認知状況をもとに，[U_4]の発話の they は誰とは特定しないまでも，上司を指していることがすぐジョーダンには了解できる．また，この会話では this の2つのトークンがあるが，いずれも物理的状況内の対象を指示しているのではない．[U_3]の this は，ジョーダンが「呼び出されてここに来たこと」を指し，それが何に関してのことかジョーダンは聞いている．一方，[U_6]の this は「今回の計画，いきさつ」を指している．そして，this のトークンがそうした情報を指していることは，それぞれの発話の認知状況によって決まる．さらに，toot は，「警笛，破裂音」といった意味であるが，ジョーダンは，ここでは文字通りの意味ではなく，「びっくりするようなこと」といった比喩的な意味で使われていると判断しているが，それも認知状況をもとに推論を行っていると考えられる．

・**社会的状況**（social environment）： われわれは，物理的世界だけに生きているのではなく，いろいろな社会的関係や制度からなる社会の中で生きており，発話は，話し手と聞き手を取り巻くそうした社会的状況の中で理解され，規定される．たとえば，[U_1]の ma'am は，ジョーダンにとって相手はかなり年上の女性であり，上院議員という敬意を表すべき地位の人であるという社会状況の中で使われており，[U_2]の Lieutenant は，ジョーダンが海軍という社会的組織の中で

大尉という地位を占めているということで使われている．また，[U_1] の ma'am
は，相手との関係を密にする働きをしている．

1.1 直示表現

1.1.1 直示について

　発話状況を中心としたコンテクストを参照することによって初めて指示内容等が確定する表現は，**直示表現**（deictic expression）と呼ばれる．直示表現には，固有名のようにそれ自身が指示内容を表すのではなく，それぞれのコンテクストにある特定の対象を対応させる関数のような働きがある．たとえば，人称代名詞 I はそれぞれのコンテクストに対し，そのコンテクストでの話し手を対応させている．

　(4)　コンテクスト → | I の意味（働き）| → 話し手

this も同様の働きをしており，次の例では this の 3 つのトークンがあるが，そのトークンの現れる 3 つのコンテクスト c_1, c_2, c_3 に対し，それぞれ車載ナビのメーター r_1, r_2, r_3 を対応させている．

　(5)　Doc：This readout tells you where you're going, this one tells you where you are, this one tells you where you were.　　　　　　　　　　　　(*Back to the Future*)

　(6)　this の意味（働き）
　　　　c_1　→　r_1
　　　　c_2　→　r_2
　　　　c_3　→　r_3

　一方，次の例の to the left は，関数的な働きではなく，コンテクスト，特に話し手，を基準とした方向付けを行っている．

　(7)　The airport is to the left of the freeway.

つまり，話し手の向いている方向とか車で移動している方向を基準にして初めて to the left の指し示す方向が決まる．また，英語では，here と there，this と that の区分にみられるように，話し手を基準にして，空間を（話し手の）「近く（proximal）」と「遠く（distal）」の 2 つに分割する仕組みを採用している．

　以下では，関数的働きと方向付けの働きに注意しながら，個々の直示表現について特に注意すべき用法を中心にみていく．

1.1.2 人称直示

人称に関する直示表現である**人称直示**（person deixis）には次のようなものがあり，関数的働きをする．

(8) I／my／me／mine／myself,
  we／our／us／ours／ourselves,
  you／your／yours／yourself／yourselves

以下では，特に1人称複数形の用法をみておく．まず，基本的なこととして，we／us には相手を含むか含まないかで2つの用法がある．

・話し手＋相手の場合の**包含的 we**（inclusive *we*）：

(9) We are all good friends.

・相手を含まない場合の**排他的 we**（exclusive *we*）：

(10) We young men have learned a lot from you older men.

包含的 we の用法の一種ともいえるが，対人関係というコンテクストの中で，話し手が相手との一体感，ないし，共感を表そうとして you の代わりに用いる**親心の we**（paternal *we*）と呼ばれる用法がある．この we は，典型的には医者とか看護師が患者に対して使う．

(11) Doctor, to a child：How are we [feeling] today?

母親が，子供に優しく注意するようなときにも用いる．

(12) Mother, to her son：We must be a good boy.

こうした we は，日本語で，小学校の先生が，よそ見をしている生徒に「まっすぐ前を見ましょうね」と言うときの「しましょう」に似ており，(12) は「良い子にしましょうね」といった感じになる．また，会話で us は let's の形で me の意味で用いられることがあるが，これも相手との一体感を示そうとするものである．

(13) "Cheer up! Let's see (＝let me see) those white teeth sparkle, Joe."

(K. Vonnegut, Jr., *D.P.*)

日本語で，ことばを探して「えーっと」と言うときの英語に相当する "Let me see." も，"Let's see." の形でよく用いられる．

1.1.3 時間直示

時間直示（time deixis）の表現には次のものがあり，関数的働きをする．

(14) now／then, yesterday／today／tomorrow,
　　　this／least／next＋week／month／year, ago, later

now は**近接時間**（proximal time）を指し，時間の 1 点を指したり，時間のある幅を指したりする．

(15) a. You must go to bed <u>now</u>.
　　　b. School's out for summer vacation <u>now</u>.

then は**離れた時間**（distal time）を指し，時間の 1 点を指したり，時間のある幅を指し，過去にも未来にも用いる．

(16) She was still at school <u>then</u>.
(17) I guess he will be leaving <u>then</u>.

これらの例をみると，時間を表す直示表現は一見簡単そうであるが，実際にはかなり複雑である（Grundy 2000）．たとえば，次の例で today は，今日 1 日の中の発話時からみた「未来のある時点」と「過去のある時点」を表している．

(18) a. I'll see to it <u>today</u>.
　　　b. I filled up with petrol <u>today</u>.

また，次の現在時制の例が，13 日の金曜日（Friday the 13th）の発話とすると，Today は 1 日の長さ全体を表す．

(19) <u>Today</u> is a day to lock our doors and stay inside.

時制も直示の一種で，英語では文法範疇として現在時制と過去時制の 2 つがある．現在時制は，now と共起し，過去時制は，then など発話時以前の時点を表す表現と共起する．

(20) Joan is in Los Angeles [now].
(21) John graduated [in 1995]. He visited Rome [then].

時間表現によって明示されない場合でも，コンテクストなどの何らかの手がかりにより，話し手と相手との間では過去のいつの時点のことか了解されている．ちなみに，現在完了形は，過去の時間点を明示する表現とは共起しない．

(22) John has visited Rome [*then／*last month／*two months ago].

1.1.4　場所直示

場所直示（space deixis）の表現には次のものがあり，(23a) は関数的働きを，

(23b) は方向付けの働きをする．

(23) a. this (these) ／ that (those), here ／ there
b. come ／ go, bring ／ take

英語では，話し手を中心とする領域とそれ以外の領域とに二分し，前者に属する対象を this (these) で，後者に属する対象を that (those) で表す．また，場所を表す使い方には，指差しとかのジェスチャーを伴う用法（gestural use）ではなく，(24) のように記号的用法（symbolic use）と呼ばれるものもある．

(24) This is the windy city.

電話では，話し手は，自分を発話状況内の対象ととらえて，自分自身を this で指す．

(25) George：This is George McFly [speaking].

イギリスでは，聞き手に対しては that を用いるが，次のように，アメリカでは聞き手に対しても this を用いる．

(26) （見知らぬ男からの電話）
Erin：Hello?
Man：Is this the Erin Pattee Brockovich who's been snooping around the water board?
Erin：Yeah. Who's this? 　　　　　　　　　　　　　　　(*Erin Brockovich*)

また，this には，不定冠詞 a(n) の代わりに使われ，対象に対し関心とか思い入れがあることを示す共感的用法がある．

(27) Lambeau：Well, could you please check? I have this guy who works in my building, he's about this high. 　　　　　　　　　　　　(*Good Will Hunting*)

That (those) にも，次の that baby や (13) の例の those white teeth のように，your baby, your white teeth の代わりに使う同様の共感的用法がある（Lakoff 1974, 池上・守屋 2009）．

(28) （サムがおなかをすかせて泣いている娘を抱いている場面）
Annie, to Sam：What the hell are you doing to that baby? 　　　(*I am Sam*)

here は，発話時における話し手の場所を表すのが基本であるが，地図を指して相手の居場所を教える場合にも用いる．

(29) A：Where am I?
B：You are here.（地図を示しながら）

また，there は，話し手から離れた場所を表すが，相手の体の一部を示すこともある．

(30) Lorraine, to Marty：That's a big bruise you have there.
(*Back to the Future*)

come／bring は話し手を到達点とする移動を，go／take は話し手を出発点とする移動を表し，話し手を基準とした方向付けをするが，come／bring は，日本語の「来る／持って来る」と違って，聞き手を到達点とする移動にも用いられ，その場合は，相手を基準にした方向付けになる．

(31) Mother：Cindy, come and help me put things on the table.
Daughter：Okay, I'm coming.（＝いいわ，今行くわ）
(32) A：Please bring your report when you come.
B：Yes, of course. Is there anything else I should bring?（＝ほかに何か持って行くものある？）

1.1.5 談話直示

次のような例では，人称代名詞 we, my, me は，「わたし（たち）の言ったこと／言っていること」といった意味で用いられ，談話状況が一種の疑似空間として扱われている．このような直示表現を**談話直示**（discourse deixis）という．

(33) a. Where were we?（どこまで話したかな？）
b. I've lost my place.（どこまで話したかわからなくなった）
c. Are you with me?（私の言うこと聞いてるの？）

次の例では，this はそうした談話状況の中の発話，ここでは後続の発話，を指示している．

(34) Sam：...For me, this is a very hard thing to say, but I'm gonna stay and have my dessert here with Rita,...
(*I am Sam*)

また，発話は，談話状況の中で時間の流れに沿って展開していくことから，時間の直示表現 next, last, ago も用いられる．

(35) a. in the next Chapter/in the last paragraph
b. The idea introduced a few pages ago...

1.1.6 社会的直示

会話の例 (1) の ma'am は，「話し手から聞き手への敬意の表明」とか「話し手から見て相手は年上である」といった話し手を基準にした方向付けを行う．したがって，上院議員の方がジョーダンに対し，"Good evening, ma'am." などとは言えない．また，上院議員がジョーダンに対し，ファースト・ネームとかではなく階級名 Lieutenant を使用して，一定の心理的距離を置いているが，これは，ジョーダンが私用ではなく公務として来ているからである．相手が同一人物であっても，状況に応じて相手の呼び方は変わってくるから，もし個人として出会ったときには，"Jordan" とファースト・ネームで呼ぶような場合もあるであろう．このように，相手の呼び方は，発話状況における話し手と聞き手との関係によって規定され，その場の関係に合わない呼び方は，次の例のように冗談か，そうでなければ不適切な使い方になる．

(36) （同僚の弁護士同士の会話で，ミッチーは年下の新米）
  Avery：It's so far back, I don't think I can remember.
  Mitch：Sure you can, <u>Counselor</u>.   (*The Firm*)

こうした「ファースト・ネーム／職名」という対比は，話し手を中心にした「近く／遠く」という直示における対比の仕方の一例である（こうした呼びかけ語については 7 章 1 節で詳しく述べる）．

また，まれではあるが，英語でも日本語のように，1, 2 人称代名詞の代わりにいろいろな社会的役割を表す表現を用いることがある．

(37) Can <u>mummy</u>（＝I）have a taste?（ママがちょっと食べていい？）
(38) a.（体温を測る場面）
  Doctor, to Ann：I'll only disturb <u>Your Royal Highness</u>（＝you）a moment, huh.
    (*Roman Holiday*)
  b. Mayo, to Sergeant Foley：<u>This Officer Candidate</u> requests permission to see you in private, sir.
    (*An Officer and a Gentleman*)

(37) の下線部の表現は，心理的に話し手に近い距離をとる働きをしており，(38) の表現は，逆に距離をとる働きをしている．また，いずれも聞き手との関係を表すか示唆しているので，話し手を基準とした方向付けをしているとみることもできる．こうした直示表現を**社会的直示**（social deixis）という．社会的直示は，**態度のダイクシス**（attitudinal deixis）と呼ばれることもある（Vershueren 1999）．

1.1.7 英語と日本語との対照例

最後に，英語の指示表現（this／these, that／those）とそれに対応する日本語の指示表現（これ，それ，あれ）を取り上げ，その使い方の違いについてみておく．

日本語の「これ」は話し手の領域内の事物を，「それ」は聞き手の領域内の事物を，「あれ」は話し手，聞き手の両者のいずれの領域にも入らない事物を指す．これは，英語では領域を2つに分けるのに対し日本語では3つに分けることを意味するので, this は「これ」の役割と「それ」の役割の一部分を, that は「それ」の役割の一部と「あれ」の役割をそれぞれ分担することになる．

this		that
これ	それ	あれ

図1　英語と日本語における指示表現の役割の対照

たとえば，話し手と聞き手の中間点より聞き手側にある対象を示す場合，日本語では「それ」を用いるが，英語では指す手を対象に向かって移動させながら "This" ということも可能である（服部 1968）．また，英語の this／that の用法は，客観的な物理的距離ではなく主観的な心理的距離によって決まるところが大きく，日本語の「これ」が that に対応することもよくある（池上・守屋 2010）．

(39) a.（A・B 2人のテレビを見ながらの会話）
　　　A：だってぜったい女のタレントとか歌手とかほめないんだもん．
　　　B：そーんなことないよ．
　　　A：ほらこの子！
　　　B：あたし好きだな．　　　　　　　　　　　　　（『OL 進化論 1』）
　　b.（英訳）
　　　A：Well, you never praise any girl singers or TV stars.
　　　B：That's not true!
　　　A：Look at that girl!
　　　B：I like her!

この例では，日本語は視覚的にキャッチして近接し，テレビのなかの女の子を「この」と指しているが，話し手 A は嫌悪感などがあるので，英語では心理的距離を置いて，空間的には近接でも that を用いている．次の例は，ゴミ箱の中のものが

目に入った男が質問し，それに女が答える場面である．

(40) a. 男：なんだこれ．
　　　 女：牛乳やジュースの紙パックです． 　　　　　　　　（『OL 進化論 1』）
　　 b. 男：What are those?
　　　 女：Juice and milk cartons.

もとの日本語は「これ」であるが，牛乳やジュースなど自分には出してもらったことがないものが捨ててあるので，話し手にとっては心理的距離があり，英語では those が用いられている．

このように，英語の指示表現はかなり話し手の主観によって左右されるので，図 1 の対応も流動的で，次の例では，英語の this は日本語の「あれ」に対応している．

(41) a. Joe, to Ann：I think I'll go out for a cup of coffee. You'd better get to sleep. Oh, no, no. On this one. 　　　　　　　　　　　　　　　　（Roman Holiday）
　　 b. 外でコーヒーを飲んでくる．君は寝なさい．違う，違う．あっちだよ．

ジョーが「ベットではなく長椅子に寝るように」と言っているところであるが，英語の場面では，ジョーの指差している長椅子はジョーとアンの 2 人から離れたところにあるので，日本語は「あちらの長椅子の上で」としてある．しかし，もとの英語は，長椅子はジョーの所有物なので this one である．

1.2 前　　提

1.2.1 会話における共有情報

話し手と聞き手の知識，情報に関するコンテクストを認知状況と言ったが，次のような一方から他方へ情報が伝えられる会話の例をもとに，そうした認知状況がどういうものかみてみたい．

(42) （MIT の数学者ランボー先生が，旧友の心理学者ショーンにインド人数学者 Ramanujan（1887-1920）について説明する場面）
　　 Lambeau：［Have you］Ever heard of Ramanujan?
　　 Sean：Yeah, I... No.
　　 Lambeau：It's a man.
　　 Sean：Hnn.

Lambeau：[Who] Lived over a hundred years ago. He was uh, Indian.
          Lambeau and Sean：Dots not feathers. (＝Not a Native American)
          Sean：Yeah.
          Lambeau：And he lived in this tiny hut somewhere in India, but he had no formal education....　　　　　　　　　　　　　　　　　　　(*Good Will Hunting*)
ここまでのところでは，ランボー先生の説明により，ラマヌジャンという人物がインド人で数学者であるといった情報がショーンとの間で共有される．この後，さらに，ランボー先生は，次のようにラマヌジャンがどういう数学者であったかを詳しく説明していく．
　(43)　Lambeau：...He had no access to any scientific work, and um…but he came across this old math text. And from this simple text, he was able to extrapolate theories that had baffled mathematicians for years...　　(*Good Will Hunting*)
ここで，もし，ショーンが，ラマヌジャンがインドの数学者であることは知っていて，具体的にどういう数学者であったかを知りたい場合の会話について考えてみると，次の会話のように，ランボー先生の (42) の説明は当然の了解事項とされ，次のように，いきなり，(44) の説明をランボー先生はするであろう．
　(44)　Sean：Tell me what type of mathematician Ramanujan is.
　　　　Lambeau：Well, he had no formal education. He had no access to any scientific work, and um...but he came across this old math text...
この仮定の会話 (44) では，(42) でランボー先生がショーンに与えた情報は，すでに2人の間で共有されているものとされ，通例，改めて口にすることはない．一般に，そうした話し手と聞き手との間で共有されており，会話を進めていく上での基盤となる情報を，**共有情報** (common ground) と言う (Clark 1996；なお，情報の共有については，4章4.2.2項を参照)．

1.2.2　前提の引き金になる表現

　前節の (44) の会話で省略された情報は，認知状況によって共有情報とされたものであるが，表現自体が，その意味の特性からして当然の了解情報を要請する場合がある．たとえば，次の例では，stop の意味からして「ジョーンは朝食でワインを飲んでいた」ということが了解事項になっていないと不適切な発話になる (Kadmon 2001)．

(45) Joan stopped drinking wine for breakfast.

この stop のようにある一定の了解情報を**前提**（presupposition）として要求する表現は，一般に，**前提の引き金**（presupposition-trigger）と呼ばれる．次は，そうした引き金表現の代表的なものである（Huang 2007 の例，(b) が前提を表す）．

(46) a. <u>The king of France</u> is bald. （定名詞句（definite noun phrase））
   b. There is a king of France.

(47) a. John <u>knows</u> that Baird invented television. （叙実述語（factive predicate））
   b. Baird invented television.

(48) a. John <u>managed</u> to give up smoking. （含意述語（implicative predicate））
   b. John tried to give up smoking.

(49) a. <u>It was</u> Baird <u>who</u> invented television. （分裂文（cleft sentence））
   b. Someone invented television.

(50) a. <u>If</u> an ant <u>were</u> as big as a human being, it could run five times faster than an Olympic sprinter. （反事実条件文（counterfactual conditional））
   b. An ant is not as big as a human being.

このほか，「また（again）」や even などにも前提がみられる（Kay 1997）．

(51) a. 彼女は？<u>また</u>無断欠勤じゃないの． 　　　　　　　　　　　（『OL 進化論 1』）
   （英訳：Where is she? She must have taken a day off without permission <u>again</u>.）
   b. 無断欠勤したことがある．（She has taken a day off without permission.）

(52) a. <u>Even</u> Homer sometimes nods.
   b. Homer is the least likely person to nod.

このような前提は，否定，疑問などの構文的操作とか，条件節，様相表現などの意味の影響を受けないという特徴がある．たとえば，(45) の前提である (53) は，(54) のいずれの発話においても了解事項として保持されている（Kadmon 2001）．

(53) Joan used to drink wine for breakfast.

(54) a. Joan hasn't stopped drinking wine for breakfast.
   b. Has Joan stopped drinking wine for breakfast?
   c. Perhaps Joan has stopped drinking wine for breakfast.
   d. If Joan has stopped drinking wine for breakfast, she has probably begun to drink more at lunch.

なお，次のような非制限関係節の内容は (54) のようなテストをパスして保持さ

れるが,「当然のこととして了解されている (taken for granted)」という前提に対する直感には反するので (Kadmon 2001),一般には,前提とは見なされない.

(55) Jill, <u>who lost something on the flight from Ithaca to New York</u>, doesn't like to travel by train.

1.2.3 前提の複雑さ

前提を巡っては,複雑ではあるが興味深い問題がいくつかある.次に,前提についての議論で取り上げられる3つの問題についてみる.

a. アコモデーション

日常的な場面で,相手がペットを飼っているかどうか知らないのに (56a) のような発話を聞いたり,喫煙の習慣があるかどうか知らない人から (56b) のような発話を聞くことはしばしばある.

(56) a. So I forgot to feed <u>my cat</u> yesterday.
b. I've managed to <u>stop smoking</u>. I want to get a little muscle and feel fit.

こうした場合,前提は満たされていないが,わざわざ問いただしたりせずに,当然のこととして前提を受け入れ (accommodate) て,会話を続けることが多い.このように前提が満たされない場合,共有情報の方を修正して前提を組み入れることをアコモデーション (accommodation) と言う (Lewis 1979).

アコモデーションを利用すると,(57) のように「君は洗車をしない」と暗に相手を非難することができる.

(57) I washed the car again today.　　　　　　　　(Brown and Levinson 1978)

また,麻薬の売買に関する裁判で,(58a) ではなく (58b) の質問を被告にすれば,傍聴者に先入観をもたせることもできる (Kadmon 2001).

(58) a. Lawyer, to the accused：Did you sell crack?
b. Lawyer, to the accused：When did you stop selling crack?

前提として組み入れることができる情報はどんなものでもよいわけではなく,共有知識と整合性 (consistency) のあるものでなければならない.たとえば,次のような発話の前提は,(実際にカバを飼っていたとしても) 通常の場面では受け入れがたいであろう.

(59) I forgot to feed <u>my hippo</u>.

また，組み入れられる情報は，共有情報と何らかのつながり（bridging）がなければならない．次の例における下線部の表現のもつ前提は，先行して共有情報となっている情報とつながっているので受け入れることができる（Kadmon 2001）．

(60)　John read a book about Schubert and wrote to <u>the author</u>.

しかし，the waiter のような場合は，ただちにつながりは認められず，聞き手はつながりを問いただされなければならないだろう．

b. 投射の問題

前提をもつ文が別の文に埋め込まれたとき，その前提が別の文全体の中で保持されるかどうかという問題は**投射の問題**（projection problem）と呼ばれている．(54d) では，stop の持つ前提は保持されているが，次の文では，「ジョンに妻がいる」という前提は保留（suspend）されている（Huang 2007）．

(61)　I'm sure <u>John's wife</u> is beautiful, if he has a wife.

また，前提が条件節に入っている場合や，伝達動詞とか命題態度動詞の目的節の中の前提は消えてしまう．たとえば，次の発話では，regret, manage, 定名詞句のもつ前提はなくなっている（Huang 2007）．

(62)　a. If the bishop promotes the politically incorrect, then he will <u>regret</u> doing so.
　　　b. The bishop will promote the politically incorrect.

(63)　a. John said that Mary <u>managed</u> to speak with a broad Irish accent.
　　　b. Mary tried to speak with a broad Irish accent.

(64)　a. Mr. Wang believed that he is <u>the emperor</u> of China.
　　　b. There is an emperor of China.

c. 前提の取り消し

投射の問題と関連するが，前提は，メタ否定を用いてあからさまに取り消す（overtly denied）ことができる．このことを具体例でみてみる．

次は2人の高校生の会話で，一方のコーリーが，サムに「ぽん引き（pimp）のようなことをしているジョシュを通じて「やばい」アルバイトをしているのを知っているぞ」と言った場面である．それに対して，サムは「やばいことを知っているということはない，もともとそんなものはないのだから」と言って反論している．

(65)　Sam：Yo, I haven't done anything.

Corey : <u>I know what the deal is</u>. Josh is a pimp. I'm not stupid.
Sam : Obviously, <u>you don't know what the deal is</u>, because there's no fucking deal.
Corey : Lighten up, dude. (*Life as a House*)

まず，コーリーの下線部の発話は，定名詞句（および疑問文）にみられる前提（66b）をもつ．

(66) a. I know <u>what the deal is</u>（＝what's going on）．
b. There is a deal（＝Something is going on）．

しかし，続くサムの下線部の発話では，「前提が満たされていないのだからそんなことは言えない」として，その前提は取り消されている（メタ否定について詳しくは4章4.1.3項を参照）．

1.3 意味の確定と拡充

1.3.1 意味内容の確定

文の意味はそのトークンとしての発話において具体的な意味内容が決まる．それは，直示表現の意味内容は何かとか，代名詞 he／she／they／it などが何と照応関係をもっているかといったことがコンテクストからの情報で確定するからである．また，構文・単語とか指示の曖昧性（ambiguity）も発話において解消される．指示の曖昧性とは，たとえば，America という表現はアメリカ大陸以外に状況によっては地図上の場所を指すこともあるといったことである．次のジョークはそうした曖昧性を利用したものである．

(67) Teacher : George, go to the map and find North America.
George : Here it is!
Teacher : Correct, Now, class, who discovered <u>America</u>?
Class : George! (*E-Tales2*)

さらに，次の the 90 minutes は，前半45分，後半45分からなるサッカーの試合のことを言っているが，こうしたメトニミー的表現も共有情報をもとに意味内容が確定する．

(68) <u>The 90 minutes</u> of pure excitement that he travels so far to enjoy is worth all of the hardship. (Christopher Belton 2007, *British English: Listening Practice*)

発話の意味内容の決定には，こうしたもの以外に，言語表現によって明示されない事柄もある．以下では，意味内容の確定に非明示的に関与しているさまざまな要因についてみてみる．

1.3.2　飽和と自由拡充

次のような発話の意味内容が確定するには，明示されていないいろいろなことをはっきりさせなければならない．

(69)　a. Misa is tall.
　　　b. John is skillful.
　　　c. John visited a local bar.
　　　d. The wine is beautifully balanced.
　　　e. Everybody is interested in my lecture.

(69a) では，どの範囲の人を比較の対象にしているのか，(69b) では，比較の範囲に加えてどういう技量のことをいっているのか，がはっきりしなければならない．

(70)　a. Misa is tall for a Japanese woman.
　　　b. John is skillful at drawing (for a child).

(69c) では，どの場所を基準にして local と言っているのか決めなければならない (Stanley 2000)．

(71)　John visited a bar local to his office.

(69d) では，味覚のように個人の嗜好 (personal taste) が問題になるので，「誰からみて」ということをはっきりさせなければならない (Smith 2010)．

(72)　The wine is beautifully balanced (from A's perspective).

また，(69e) では，どの範囲の人について言っているかがはっきりしなければならない（たとえば in the class）．このように，発話の意味内容で明示されていない部分が確定することを**飽和** (saturation) という．

飽和に関しては，情報を提供するコンテクストが移動 (shift) する場合があることに注意しなければならない．時刻をいう場合，アメリカではどのタイムゾーンかが問題になり，たとえば，ニューヨークにいる人が (73a) を発話すると，ニューヨークの時間が午後4時ということである．

(73)　a. It's 4 p.m. (here.)
　　　b. A：What time is it in California?

B：It's 4 p.m. (in California.)

ところが，(73b) の談話状況で，同じニューヨークの人が B のように言った場合，カリフォルニアのタイムゾーンで午後 4 時ということになる (Barwise 1989)．また，次の例でも，2 番目の come／go では基準点が移動している（Lewis 1979)．

(74) When the beggars <u>came</u> to town, the rich folk <u>went</u> to the shore. But soon the beggars <u>came</u> after them, so they <u>went</u> home.

このような飽和が完了すれば，文の発話の意味内容は一応確定する．確定した発話の意味内容を**命題**（proposition）という．特に，平叙文の発話の命題は，主張（assertion）とか信念（belief）の中身であり真偽を問うことができる．

飽和は，特定の表現とか構文の意味内容の確定に直接結びついているが，そうした表現が特定できない意味拡充がある．たとえば，次の (75) の発話で，どれくらいの時間の幅を考えているかが決まっていないと，(75a) は，偽にはならないが意味のない発話になってしまうし，(75b) は不死の人がいるといった真にはなり得ない発話になってしまう．

(75) a. I've had breakfast.
　　　b. You are not going to die.

普通，(75a) は「今日の朝のこと」とか，(75b) は「指を切った子供に今すぐ死ぬようなことはないと言うとき」とか特定された時間についての発話である（Recanati 2004)．

また，(76a) は，放送を休止していない限り偽であるが，通例は (76b) のように解釈される（Carston 2002)．

(76) a. There's nothing on telly (=TV) tonight.
　　　b. There's nothing worth watching on the telly tonight.

こうした意味の拡充は特定の表現とか構文に帰着させることができないので**自由拡充**（free enrichment）と呼ばれている．ただ，個々の事例については，それが飽和なのか自由拡充なのか一概にはいえない場合があるし，意味の拡充のどこまでが意味論的・語用論的に有意味な自由拡充であるか，といった問題もある．

1.3.3　省　略

統語的に完結していない文の発話を**省略**（ellipsis）といい，主としてコンテク

ストからの情報をもとに復元される．例 (1) で目的語の省略をみたが，会話では 1, 2 人称の主語が，しばしば省略される．

(77) a. Bryan：How much weight have you lost ?
　　　　George：I don't know. Five, ten pounds. [I] Haven't been very hungry.
(Life as a House)

　　 b. Lambeau：[Have you] Ever heard of Ramanujan? (<i>Good Will Hunting</i>)

これは，発話状況では話し手と聞き手の存在は大前提で，あえて，ことばで言及しなくてもわかるからである (Searle 1979)．発話状況に存在する対象であれば，3 人称主語でも省略される．

(78)　(it は目の前にいるアフリカ系アメリカ人兵士とドイツ人女性との間に生まれた肌の黒い戦争孤児を指す)
　　　"[I] Don't rightly know what to call it," said the sergeant. "[It] Talks like a Kraut (= German) and dresses like a Kraut, but just look at it a minute."
(K. Vonnegut, Jr., D.P.)

談話状況の情報をもとに省略部分が復元される例も (1) でみたが，次も先行する発話をもとに，いずれの省略も happy と You are を補えば復元できる．

(79) George, to his son：I don't want you smaller. I want you to be happy. You are not. Not here with me. Not at home with your mother. Not alone. Not anywhere. You're what I was most of my life, Sam.
(Life as a House)

次の例のように対話の中では複数の話し手にまたがった発話の中で省略が起こる (Cann et al. 2009)．

(80) A：Who did every husband visit?
　　 B：[Every husband visits] His wife.
　　 (His は every とつながって特定の 1 人の人ではない)

(81) Emily：Uh, are you wearing the Ch…
　　 Andy：[Am I wearing] The Chanel boots? Yeah, I am.
(The Devil Wears Prada)

また，対話では，相手の発言を受けて，半ば慣用句化した Where to?（どこまで），What for?（どうして），Can't say.（わかりません）などの省略形がしばしば用いられる．

会話では，談話状況からの情報なしに，名詞句などの断片表現が発話されることがある．たとえば，次はメーラがトーストにジャムをつけている場面の会話で

ある（Stainton 2008）．

(82) Meera：Chunks of strawberries.
　　　Anita：Rob's mom.

この場合，次のような構文の復元が考えられる．

(83) Meera：<u>This jam contains</u> chunks of strawberries.
　　　Anita：Rob's mom <u>made it</u>.

この復元では，見ている目の前の状況に関する情報に加えて，ジャムはどういうものから作られるかとか，ロブの母親についての情報など認知状況から得られる情報が用いられている．さらに，断片表現の発話には，省略というよりもそれだけで1つの発話行為として完結した感じのものがある．次は，マックスが連れとディナーにいった場面での，ホテルの支配人の発話である．

(84) Maitre D'：<u>Your tie</u>.
　　　Max：I didn't know I needed one. 　　　　　　　　（Yanofsky 1978）

同様の例は，いろいろ考えられる．

夜遅くなってもなかなか寝ない息子への命令：

(85) Erin, to her son：Hey, <u>bed</u>. 　　　　　　　　　　　（*Erin Brockovich*）

食事中テーブルに肘をのせている息子への注意（reminder）：

(86) Your elbows. 　　　　　　　　　　　　　　　　　　（Yanofsky 1978）

電話に出て切った後の説明：

(87) Wrong number. 　　　　　　　　　　　　　　　　　（Yanofsky 1978）

終わりの知らせ：

(88) The end! 　　　　　　　　　　　　　　　　　　　　（Yanofsky 1978）

🔍 より深く勉強したい人のために

直示表現一般については，Levinson（2004）を，直示という意味行為について深く知るには Nunberg（1979, 1993）を読んでみるのがよい．前提については，Kadmon（2001）が詳しい．意味の飽和と自由拡充については，Recanati（2004）を読むのがよい．省略については，Stainton（2004, 2008）が参考になる

✏️ 演習問題

1. 次の文の発話が表す2つの対象の位置関係を図示しなさい．

The parking lot is behind the building.
2. 次の2つの例における now の違いを述べなさい．
   (a) I'm busy <u>now</u>.
   (b) Most people do not believe in ghosts <u>now</u>.
3. 次は看護師とひねくれ者の老人の患者ウィリーとの会話である．we は誰のことを言っているか．
   Nurse：Oh, woke up a little grouchy, didn't <u>we</u>?
   Willie：Stop making yourself a partner all the time.
   (N. Simon, *The Sunshine Boys*)
4. 英語と日本語の直示表現の違いにはどういうものがあるか．たとえば，地図上の「現在地」は英語ではどう表現するか．
5. 次の英文の前提は何か．
   He knows that the earth is round.
6. 次は誘導質問（loaded question）と呼ばれるものである．アコモデーションがどのように使われているか．
   "Have you stopped beating your wife?"
   (http://www.fallacyfiles.org/loadques.html)
7. 次はフィオナの息子マーカスが1970年代の「ダサい」歌を歌うとどうなるかと言っている．下線部はどういう働きをしているか．
   Will, to Fiona：But for real, if he sings that song in front of those kids you can just write him off till he reaches university, <u>if he reaches university</u>.
   (*About a Boy*)
   ※ that song = Roberta Flack's *Killing Me Softly*，write off = だめにしてしまう
8. 次の英文はどのように意味が拡充されるか．((b) の例は下線部の発話)
   (a) Mary has a temperature.（メアリーは熱がある）
   (b) A：How is Jane feeling after her first year at university?
       B：<u>She didn't get enough units and can't continue</u>. (Carston 1988)
   (What units? Enough for what? Continue what?)

第2章　会話における推論

春木茂宏

ほとんどの読者は，次のようなやり取りを耳にしたことがあるであろう．
(1) お父さん：お母さん，お茶がないよ．
　　お母さんA：はい，今持って行きますね．
　　お母さんB：自分で入れなさいよ．忙しいんだから．

また，次のようなやりとりは自分でもしたことがあるのではないだろうか．
(2) 子供：お母さん，お茶がないよ．
　　お母さん：だからどうしたの．お茶が欲しいときは「お茶ちょうだい」ってちゃんと言いなさい．
　　子供：なんで怒るの．「お茶がないからない」って言っただけなのに．

(1) では，下線部のお父さんの発話は「お茶が欲しい」という願望を伝えようとしている．そして，その願望は，お母さんAでは成就されるが，Bでは拒否されてしまう．(2) では，お母さんは，子供がお父さんのような言い方をしたと思い，その「素直でない子供らしからぬ」物言いを正し，しつけをしようとしている．

このようなやりとりでは，語用論が扱う中心的な事柄が問題となっている．たとえば，お父さんの要求を拒否した例では，お母さんは，見かけ上の明示的（explicit）な意味ではなく，相手の意図した非明示的（implicit）な意味を読み取っている．そうした意図された意味は，グライスの言う「話し手の意味」で，聞き手であるお母さんはコンテクストから得られる情報をもとに一種の推論（inference）を行って，その意味を読み取ろうとしている．

ここで，そうした相手の意図を読み取る推論とは一体どういうものかが問題となる．推論には，まず次の例にみられるような論理的推論がある．
(3) （マーティがタイム・マシーンで30年前の過去へ行ったため，両親が結ばれなくなる恐れが出てきた場面）
　　Doc：Now remember, according to my theory, you interfered with your parents' first meeting. If they don't meet, they won't fall in love. They won't get married

and they won't have kids. That's why your older brother's disappearing from that photograph. (*Back to the Future*)

ここで，ドックは，「両親が出会わない（they don't meet）」という前提命題から「兄をはじめマーティたち子供が生まれない（they don't have kids）」という結論を推論規則の1つ（Modus Ponens）を用いて導いている．もう1つのよく知られている推論に，探偵ホームズが行う次のような推論がある．

(4) "How, then, did you deduce the telegram?"
   "Why, of course I knew that you had not written a letter, since I sat opposite to you all morning. I see also in your open desk there that you have a sheet of stamps and a thick bundle of postcards. What could you go into the post-office for, then, but to send a wire? Eliminate all other factors, and the one which remains must be the truth."

(Sir A. Conan Doyle, *The Sign of Four*)

ここでホームズは，「郵便局へ行ったことだけでなく電報を打ったことまでどうしてわかったのか」とワトソンに聞かれて，その理由を説明しているのであるが，このような事実に基づいた推論は，（正しくは演繹（deduction）ではなく）推理（inductive inference）と呼ばれ，結論の正しさは論理的推論のように保証されたものでなく，蓋然的な正しさである．

　相手の意図を読み取る会話における推論は，現在，他人の心の読み取り（mind reading）の一種，ないし，その特殊化されたものであると考えられている（Wilson 2000）．そうした心の読み取りに，論理的推論や推理がどのようにかかわっているかという問題は興味深いものである．ただ，会話では話し手の意図が問題なので，そうした推論によって得られた情報すべてが対象になるわけではない．たとえば，(4)の例で得られた情報は，ワトソンがわざとらしく引き出しを開けておくとかして合図したわけではないので，会話における推論の対象にはならない．

　以下では，会話における心の読み取りの本質を明らかにしようとしてグライスが考えた「会話における推論」とそれを支える日常の言葉のやりとりにみられる法則性（論理）についてみていきたい．

2.1 発話の「意味」に関する基本概念

この節では，発話から導かれる非明示的な（表示的）意味を理解するために，発話の「意味」に関する基本概念について整理する．まず，次の会話の下線部の発話をみてほしい．

(5) （女（Patty）が欲しそうにしていた口紅を，男（Don）が買ってやり，それを手渡した場面）
　　Patty：For me?
　　Don：<u>I rarely use lipstick.</u>
　　Patty：How perfectly sweet of you!　　　　(F. Hugh Herbert, *The Moon is Blue*)

この発話にはいろいろな「意味」がある．まず，この発話を構成している4つの語の慣習的意味（辞書の定義に載っているような意味）を足し，さらに前章でみたコンテクスト依存の意味をすべて確定して得られる**文字通りの意味**（literal meaning）がある．この例の場合，文字通りの意味は「話し手（＝ドン）はめったに口紅を使わない」になる．この文字通りの意味は，グライスのいう「**言われたこと**（what is said）」に対応する（Grice 1989）．

しかし，(5)の状況でドンが本当に伝えたかったことは「ドンはめったに口紅を使わない」ではない．この状況では，言われたことだけでは何か足りないとパティ（およびこの劇の観客）は感じ，本当に伝えたいことは「パティへのプレゼントだ（It's for Patty）」と解釈するのである．**含意**（implicature）とは，この「パティへのプレゼントだ」のような，あるコンテクストにおいて，特定の発話を行ったときに，非明示的に伝達される意味（内容）のことをいう．

以上をまとめると，発話の「意味」は次のような二分法ができる．

(6) a. **文字通りの意味・言われたこと**：　発話を構成する語がもつ慣習的意味を足したもの．したがって，この意味の理解は，言語的知識（linguistic knowledge）（脳に蓄えられた辞書や文法規則のようなもの）を使って解読する（decode）という心的作業が中心になる．

(6) b. **含意・含意されたこと**（what is implicated）：　話し手があるコンテクストにおいてある発話を発したときに非明示的に伝達される（ように意図した）意味．この意味の理解には，その特定のコンテクストでの情報も利用して，解

釈する (interpret) 心的作業，つまり，推論 (inference) が行われる．この二分法からわかる重要なことは，話し手が自然な日常会話で伝えたいことは，「文字通りの意味・言われたこと」のレベルだけでなく，「含意・含意されたこと」という非明示的なレベルで伝えられる意味も含むのであり，人間が行う自然な会話における論理性や法則性を完全に探り出すためには，後者のレベルでの論理や法則を見つけ出す必要がある．そして，こうした重要な研究のもとになったのが，哲学者グライスの "Logic and Conversation"（Grice 1975；1989）という論文である．次節以降で，この論文におけるグライスの会話の原理の説明をみていきたい．

2.2 グライスの会話の原則

　グライスの論文 "Logic and Conversation" 以前，形式言語の記号，¬, ∧, ∨, →などと，それら対応する自然言語の否定 not, 接続詞 and, or, if などを巡って2つの対立した立場があった（論理記号については3章3.1節を参照）．1つは，論理実証主義（logical positivism）と呼ばれるような人たちで，論理記号を用いた形式言語こそが，推論を正しくとらえ科学の用に資するもので，日常言語のそうした語は不明瞭，不完全で望ましくないものと考えた．これに対し，日常言語（ordinary language）を分析することによって哲学的問題を解決しようとする人たちは，言語は科学的探求以外にも重要な役目が多くあり，さらに，自然言語には話している個々の話題や具体的な内容にはかかわらない，より一般化された独自の論理があると考えた．そして，そうした日常会話を支配する法則性を探ることによって，論理記号とそれと対応する日常語の間には本質的な違いはないことが明らかになるのではないかと考えた．グライスは後者の立場から，日常言語の法則性は1つの大きな大原則とその大原則に則ったより具体的な4つの公準とからなると提案した．

2.2.1　会話の原則：協調の原則と4つの公準

　日常言語の会話は情報交換を最大限効果的に行おうとする目的がある．そして，人間がこの目的のもとに会話を行うためには，1つの大原則と4つの公準に従っているはずだと，グライスは主張する．

まず，大原則をみていこう．人間が情報交換を最大限効果的に行う場合，会話に参与する話し手と聞き手は，何らつながりのないことを好き勝手に話していてはいけない．このことが意味するのは「会話参与者は協調して会話を進めていこうとする努力が必要になる」ということである．このような人間の一般的な行動の基準を，**協調の原則**（Cooperative Principle）とグライスは呼び，以下のように定義した．

(7) 協調の原則（Cooperative Principle）
Make your conversational contribution such as is required, at the stage at which it occurs, by the accepted purpose or direction of the talk exchange in which you are engaged.（会話における自分の貢献（つまり，発話）を，それが生じる時点において，自分が参加している話のやりとりの中で合意されている目的や方向性から要求されているようなものにせよ．）

そして，この協調の原則のもとで，具体的に会話を行う場合には，より具体的な4つの**公準**（maxim）に人間は従っていると主張する．

(8) 会話の公準（Conversational Maxims）
 a. 量の公準（Maxim of Quantity）
  ⅰ. Make your contribution as informative as is required (for the current purposes of the exchange).
  ⅱ. Do not make your contribution more informative than is required.
  （ⅰ. 発話の情報量を要求されているだけの量にすること，また，ⅱ. 要求されている以上の量にしないようにすること）
 b. 質の公準（Maxim of Quality）
  ⅰ. Do not say what you believe to be false.
  ⅱ. Do not say that for which you lack adequate evidence.
  （ⅰ. 間違っていると思っていることやⅱ. 確たる証拠のないことを言わないようにすること）
 c. 関係の公準（Maxim of Relation）
  Be relevant（関係のあることを言うこと）
 d. 様態の公準（Maxim of Manner）
  Be perspicuous（明瞭な話し方をすること）
  ⅰ. Avoid obscurity of expression.
  ⅱ. Avoid ambiguity.
  ⅲ. Be brief.

iv. Be orderly.
　　（i. 不明瞭で, ii. 多義的な表現を避け, iii. 簡潔で, iv. 順序だった話し方をすること）

公準で用いられている4つのカテゴリーはおおよそ次のようなものである．「量」とは言われたこと（what is said）の情報量のことであり，「質」とは，言われたことは話し手が信じていることか，また，信じるに足る根拠のあることかといった情報の質のことである．「関係」とは，言われたことが会話の話題に関係しているかどうかということであり（ただし，グライスは，この概念が明確には定義できない難しい概念であることを認めている（Grice 1975；1989）），「様態」は言われたことを明瞭簡潔に言うという情報の伝え方のことである．

　ここで注意しなければならないのは，これら協調の原則と公準は命令文で述べられているが，「これこれしなければならない」というような統制的規則ではなく，「通常ならばこうするものだ」という柔軟な行動基準のようなものである．したがって，状況によっては，協調の原則や公準は守られないこともあり，実際，この原則や公準の柔軟性が含意の分析において重要な役割を果たすのである．

　さて，協調の原則と公準に従っている限り，情報交換は効果的に行われ会話はスムーズに進行し，違和感を感じることのない普通の会話となる．しかし，公準の1つでも従っていない場合，その会話のやりとりに何らかの障害が生じる．量の公準に従っていない会話（9）と関係の公準に従っていない会話（10）の例をみてみよう．

　(9)　（ウェイトレスが注文を取りに来た場面）
　　　Waitress：Would you like a drink?
　　　Frank：Ah, ah, yeah. Ah, something, ah, what? <u>A beer, I'll have a beer.</u>
　　　Waitress：Heineken, Michelob, Molson, Becks, Bud, Coors, Tuborg, Miller Light,
　　　　　　　Schlitz, Guinness, Carlsberg or Lowenbrau?
　　　Frank：Ah, anything.
　　　Waitress：Gimme a break.（= Give me a break.）
　　　Frank：Um, um, okay, ah, Miller, Miller Light.　　　　　　　　（*Falling in Love*）

この例で，フランクは注文する際，"A beer."とだけ言っている．日本では，たいていこれだけで足りるが，複数の銘柄のビールが揃えてあるのが一般的であるアメリカのレストランでは，"A beer."だけでは情報量が足りない．つまり，注文を

するという目的の会話では，量の公準に従っていないことになり，会話に齟齬(そご)が生じる．その結果，ウェイトレスは銘柄を列挙し，さらには，「困りますわ（Give me a break）」と言わなければならなくなる．

(10)　（自分の母校でもある娘の小学校に授業参観に行き，校庭の真ん中に家が建っているのに気付く．帰宅後そのことを妻に話している夫．）
　　　「僕の記憶の中には，あんな家はないんだ．でも写真の中には確かに残っている．小学生の僕にはあの家は見えていなかったんだろうか？　それとも，見ていたけれど今の僕が忘れているだけなのかな」
　　　この地の生まれではない妻は，もちろん通っていた小学校も違う．妻は，思いを巡らすように天井を見上げた．
　　　<u>「分かるわ，その感覚．この前の同窓会の時，久しぶりに小学校に行ったら，校舎も建て替わってて，私が通ってたころの面影なんか残っていないんだから」</u>
　　　そう言いながらも，妻は懐かしげな表情を浮かべる．かみ合わない会話に，私はあいまいに頷くしかなかった．　　　　　　（三崎亜記，『校庭』）

(10)では関係の公準に従っていないため，「かみ合わない会話」になっている．夫が話しているのは「母校の小学校の校庭に家が建っており，卒業アルバムにも載っているのにそれについて記憶がまったくない」という異常な内容である．しかし，妻がそれを聞いて発している発話は「久しぶりに訪れた小学校は建て替えられていたため，自分の記憶にある学校とは異なっていた」という内容である．確かに，「母校の小学校に久しぶりにいったこと」，「記憶とは違うこと」，という部分的な内容は関係があることなのかもしれないが，夫が話している異常な内容にとって関係があることには妻はふれていない．そして，この点は夫が行っている会話の目的においては重要な点であるために，妻の発話はその点と関係があることを言っていない（関係の公準に従っていない）と判断され，「かみ合わない会話」になっている．

2.2.2　グライスによる含意の説明

日常会話においてみられる含意がどのように生み出され，どのように解釈されるのかという問題に対して，グライスは柔軟性のある原則と公準を用いて説明する．そして，公準に従うことで生み出される場合と，公準から故意に外れることで生み出される場合との，2つのパターンがあると考える．

a. 公準に従うことで出てくる含意

　ここでは，Huang（2007）にある簡潔明瞭な例をあげて説明しよう．いずれも(a)の発話は，(b)を含意する．

(11)　量（quantity）
　a. John has six credit cards.
　b. John has at most six credit cards.

(12)　質（quality）
　a. Tim Berners-Lee invented the World Wide Web in 1989.
　b. The speaker believes that Tim Berners-Lee invented the World Wide Web in 1989, and has adequate evidence that he did.

(13)　関係（relation）
　a. （What's the time? と聞かれて）The museum hasn't open yet.
　b. It's at least before whenever the museum normally opens.

(14)　様態（manner）
　a. John went to a McDonald's and bought two hamburgers.
　b. John first went to a McDonald's and then bought two hamburgers.

　(11a)は，文字通りの意味は「少なくとも6枚」であるが，量の公準（8a-i）「必要とされるだけの情報量を与えよ」に従うからこそ，クレジットカードの枚数は「6枚が最大限」と含意され，文字通りの意味と含意とが合わさって6枚ちょうどと解釈される．この「最大限」という意味が含意なのは，2.4.1でみるように「取り消し可能」という含意の特徴をもっているからである．(12a)の話し手は，その発話に続いて"But I don't believe so"と自分の言ったことを否定することはできないが，これは質の公準に従って，(12b)が含意されるからである．(13a)は時間を聞かれて博物館の開館について答えているので，関係のないことを言っているように思えるが，関係の公準に従って，尋ねられている時間に関係した発話と解釈され，(13b)のような含意があると判断される．(14a)は，(14b)を含意し，and の前後2つの節で示されている出来事が and の前が先に起こり，and の後ろが後に起こった，つまり「マクドナルドに行き，ハンバーガーを2つ買った」と解釈されるが，これも様態の公準（8a-iv）に従うと判断できるからこそ出てくる含意である．以上のように，公準に従うことで解釈できる含意があり，グライスの提案した公準は日常会話の仕組みを解明するのに重要な役割を果たしている．

b. 公準から故意に外れることで出てくる含意

公準から故意に外れるというのは，情報伝達を放棄しコミュニケーションを行わないということではない．通常は取るべき行動基準を故意に違反する (flout) のであるから，わざわざそうしてまで含意を伝えようとする特殊な伝達である (flout には「違反することを特に隠そうとはしない」という意味合いがある)．そして，この特殊な伝達について，グライスは，「言われたこと (what is said) のレベルでは公準に違反しているが，含意されたこと (what is implicated) のレベルでは，その公準に，または，少なくとも協調の原則には従っている」と述べている (Grice 1989)．

では，具体的にその例を，量，質，関係，様態の公準の順にみていこう．

(15) Quantity
(Vittoria Vetra と Robert Langton の 2 人は自己紹介もずっと前に終わり，しばらく話をしているところ)
"Call me Vittoria. Ms. Vetra makes me feel old."
He sighed inwardly, suddenly sensing his own age.
"Vittoria, I'm Robert."
(Dan Brown, *Angels and Demons*)

(15) では，2 人はお互いの名前は知っているのであるから，I'm Robert. は情報量はないに等しく，言われたことのレベルでは量の公準に違反している．しかし，含意されたことのレベルで考えると，first name で呼び合う段階に移行するコンテクストなので，「(これからは) ロバートと呼んでくれ」という含意をもつ．

(16) Quality
(恋人にプロポーズするために指輪を探しているチャンドラーが，女友達フィービーに宝石店までついてきてもらったが，あまり良いアドバイスが得られない)
Phoebe：OK, so maybe you don't get her a ring. Maybe you… Maybe you do something different. Maybe you're gonna get her an engagement bracelet. Or an engagement tiara. (*Looking around and holding a rifle with her hands*) Oh! An engagement Revolutionary War musket!
Chandler：You know, I'm so glad that I picked you to help me with this.
(The TV drama, *Friends*)

(16) はアイロニーの例である．助言を求めついてきてもらったフィービーはふざけていて助けにならない．だから，チャンドラーは，フィービーに頼んだことに苛

立ちは感じても，とても嬉しい気持ちにはなれない．したがって，チャンドラーの発話は，正しいと思っていることを言ってはいないので，言われたことのレベルでは質の公準に違反している．しかし，含意されたことのレベルでは，おおよそ「君に助けを求たことが失敗で困っている」というのが含意，つまり，本心であり，アイロニーとなる．

(17) Relation
　　　(B は語用論担当の先生が教室に入ってくることに気付いたが，A は気付いていない．)
　　　A：語用論難しすぎてわからん．あの先生，わざと難しく説明してない？
　　　B：(A に意味ありげな目配せをしながら) 今日バイトある？

(17) では，A の問いかけに対して，まったく関係のない内容を話している．しかし，会話そのものを打ち切る，つまり，協調の原則をも守らずコミュニケーションを打ち切るつもりではないことはわかる．つまり，ここでは意図的に関係の公準に違反し，「その話は止めよう」というような含意を伝えようとしている．(序章でみた John Grisham, *The Firm* の例も同種の例である．)

(18) Manner
　　a. A：Let's get the kids something.
　　　 B：Okay, but I veto I-C-E-C-R-E-A-M-S.　　　　　　(Levinson 1983)
　　b. Gertrude：…What has my husband to do with you? With a woman like you?
　　　 Mrs Cheveley：In this world like meets with like. Between you and him there are chasms. He and I are closer than friends. The same sin binds us.
　　　　　　　　　　　　　　　　　　　　　　　　　　　　(*An Ideal Husband*)

(18a) では，回りくどい言い方，つまり，様態の公準に意図的に違反した発話である．もちろん，普通に "ice creams" と言う場合と比べても，情報量自体は変わらないが，あえて回りくどく言うことで，たとえば，「子ども達に悟られないよう注意しましょう」のような含意が伝えられる．(18b) の発話は，実際には深い関係ではないのに，「相手の夫とただならぬ関係にあった」という，ほのめかし (innuendo) をしているが，これは "closer than friends" とか "the same sin" などの抽象的で漠然とした表現を意図的に用いて様態の規則を破ることによって行われている．

　以上，公準に意図的に違反する含意の例をみてきたが，このタイプの含意は，

公準から外れるという点では普通ではない伝達方法である．したがって，このタイプの含意には，いわゆる，修辞的表現が多くみられる．次は，それぞれ (19) 隠喩 (metaphor)，(20) 緩叙法 (meiosis)，(21) 誇張法 (hyperbole)，(22) 同語反復 (tautology)，矛盾 (contradiction)，（論理的に）ナンセンスの例である．

(19) They [= two dresses] both say to me, "I'm easy." And you don't want that, dear, you want to be <u>Kilimanjaro</u> on your first date：inaccessible.
(*Mrs. Doubtfire*)

(20) "Prosser on Torts"? "Civil Procedure"? <u>A little light reading</u> this morning, Miss Lou?
(*Doc Hollywood*)

(21) a. 昨日の部活の練習はきつかったあ！ <u>5人くらい死んでたもん</u>．
b. (子供が父親にハグしないことを心配している妻と夫との会話)
Robin：It would worry me.
Peter：If I let everything that should worry me worry me…<u>I'd be dead from worry</u>．
(*Life as a House*)

(22) a. やっぱり，<u>子どもは子どもだ</u>．
b. (シャガールの絵 (*a floating wedding couple, with a goat as company*) のポスターを見ながら)
Anna, to William：<u>Happiness isn't happiness</u> without a violin-playing goat.
(*Notting Hill*)
c. Gertrude：…You don't mind, do you, if Arthur escorts you in my place?
Mabel：As long as he promises not to be serious, for I have observed a worrying trend [to be serious].
Arthur：<u>I swear on my life to be utterly trivial and never to keep my word</u>．
Mabel：In which case, I shall be delighted.
(*An Ideal Husband*)

たとえば (22c) の下線部の発話は，実質は"I promise not to keep my promise"といったナンセンスなことを言っているが，それ自身が，まじめな (serious) 言い方ではなくくだらない (trivial) 言い方になっている．

2.3 発話が伝達する意味の種類：含意の種類

これまでで，発話が伝達する意味には，文字通りの意味と含意の2種類あることがわかった．さらにグライスはその含意を2種類に分けて考えている．1つは

(11) や次の例の数量詞にみられるような含意である.

(23) うちの敷地は110坪です.

こうした数量詞にはコンテクストに関係なく常に「最大限（at most）」という含意が見られ，(23) でも「最大限110坪」という含意がでる．このようなコンテクストに関係なく一般にみられる含意は，一般化された会話的含意（generalized conversational implicature）と呼ばれる．これに対し，これまでの多くの例や次の例の含意はコンテクストに依存している．

(24) （道の真ん中を歩いていた人を避けようとして事故を起こしてしまった場面）
Oh, God. All right, I'm okay. All right. Oh, man, my car, oh! The whole front end is shot! <u>Am I glad you're here.</u>　　　　　　　　　　　　（*Doc Hollywood*）

下線部の発話はアイロニーで逆の意味を含意するが，これはこのコンテクストだからみられる含意である．他のコンテクスト，たとえば，昨日から行方不明になっていた娘を見つけた時に発話したのであれば，下線部は文字通りの感嘆表現と解釈され含意はなくなる．このような特定のコンテクストで特定の発話を行ったときにのみ出てくる含意は，特殊化された会話的含意（particularized conversational implicature）と呼ばれる．これら2種類の含意は，会話的含意としての共通点があり，(i) 言われたことではないので真理条件には関与しないし；(ii) 語や句などの言語形式の意味としては記号化されていない；(iii) そして，協調の原則や公準に基づいて推論される，という3つの特徴を共有している．

一方，次の例のように，これらのうち(i)の「真理条件には関与しない」という特徴はもつが，他の(ii)，(iii)の特徴はもたない含意がある．

(25) a. John is rich <u>but</u> he is modest.
　　　b. Sadako is Japanese；<u>therefore</u> she is good at working in harmony.

(25a) は，but の前後が対比されているという意味をもつが，真理条件は and を使った場合と同じである．また，(25b) では，therefore の後の発話は前の発話の「自然な結論だ」という意味があるが，その関係は真理条件には寄与しない．こうした意味は，but や therefore という語彙のもつ特徴ではあるが，グライスは一種の含意と考えた．そして，語彙に内在するこのような含意を慣習的含意（conventional implicature）と呼んだ．慣習的含意の特徴をまとめると，(i) 含意であるという点では発話命題の真理条件には関与せず；(ii) 単語の意味として記号化されており（encoded）；(iii) 協調の原則や公準から推論されない，となる．

また，慣習的含意でない含意は，非慣習的含意（non-conventional implicature）と呼ばれ，それは，さらに，会話的含意（conversational implicature）と非会話的含意（non-conversational implicatue）に下位区分される．ここで言う「会話的」とは，(8)のような会話の公準に基づいて情報交換が合理的効率的に行われるという意味である．グライスは，この意味での「会話的」コミュニケーションの法則性を解明しようとしたが，会話の公準以外にも，'Be polite' とか 'aesthetic, social, or moral in character' といった特徴をもつさまざまな公準が考えられ，そうした公準による含意もあり得ると考えた．会話の公準以外の公準による含意は，非会話的含意として位置付けられる．

　以上のような種々の含意は次のようにまとめることができる（Levinson 1983）．

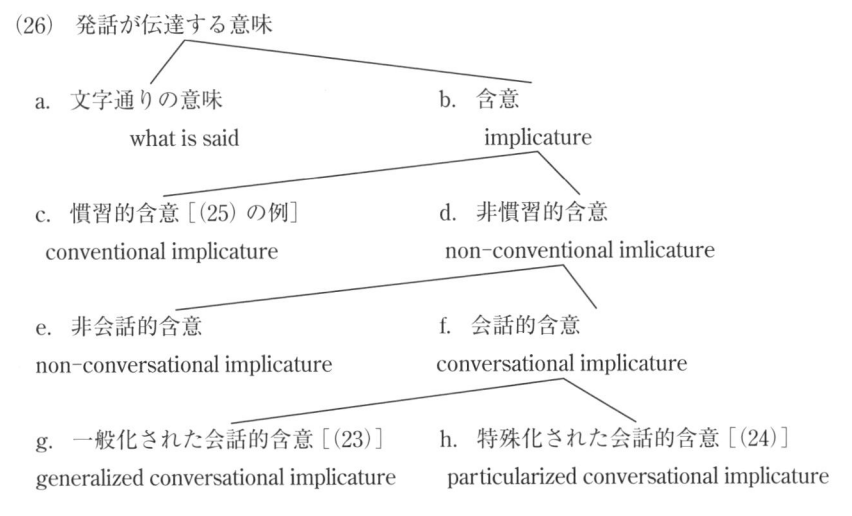

(26) 発話が伝達する意味

　　a. 文字通りの意味　　　　　　　　b. 含意
　　　 what is said　　　　　　　　　　 implicature

　　c. 慣習的含意［(25) の例］　　　　d. 非慣習的含意
　　　 conventional implicature　　　　non-conventional imlicature

　　e. 非会話的含意　　　　　　　　　f. 会話的含意
　　　 non-conversational implicature　conversational implicature

　　g. 一般化された会話的含意［(23)］　h. 特殊化された会話的含意［(24)］
　　　 generalized conversational implicature　particularized conversational implicature

2.4　会話的含意の特性

　これまでみてきた含意の中で，特に会話的含意には興味深い特性が少なくとも7つがある（Grice 1989, Huang 2007, Levinson 1983, 高原他 2002）：(i) 取り消し可能性（cancellability）；(ii) 発話内容からの分離不可能性（non-detachablity）；(iii) 計算可能性（calculability）；(iv) 非慣習性（non-conventionality）；(v) 伝達後明示可能性（reinforceability）；(vi) 普遍性（universality）；(vii) 完全特定化不可能（not fully determinable）．これら7つの特性は，会話的含意の解釈がコ

ード解読のようなものではなく,「推論」によって行われることを示すものである.本節では,これらの特性を簡単にみておこう.

2.4.1 取り消し可能性

含意は非明示的に伝達され,聞き手が推論することによって解釈できる意味であるので,話し手側は「そのような含意はない」と取り消すことができる特性である.

(27) a. A：Does she have three children?
　　　 B：Yes, she has three children, in fact, four.
　　b.（ヘッドハンター Harper が Miyakawa に電話をかける．Harper は顧客会社の PR 部門を任せられる人を探している．Miyakawa に適当な人物がいないかを尋ねている.）
　　　Harper：... They must have a solid background in all areas of public relations, including print production, and must speak English fairly well.
　　　Miyakawa：That's a tall order. Well, actually, that's the kind of job I'd be interested in knowing more about.
　　　Harper：I must admit the thought crosses my mind.
　　　Miyakawa：I mean, I'm always interested in hearing about what's going on in public relations.
　　　　　　　　　　　　　（杉田　敏,『NHK やさしいビジネス英語 ベストセレクション Vol.1』）

(27a) の例では,数量詞のもつ含意（at most）を in fact 以下が取り消している．(27b) では,最初の下線部の宮川の発話は「自分がその仕事についてもいい」というようにハーパーに解釈されてしまったが,初めてかかってきた電話でそのような意図の発話と取られるのは恥ずかしく,真意（I mean…）は「PR 業界で何が起こっているか知りたいだけだ」と言って,相手が解釈した含意を取り消している．また,次の例ではコンテクストにより含意が取り消されている (Huang 2007).

(28)　John：This CD is eight euros, and I haven't got any money on me.
　　　Mary：Don't worry, I've got eight euros.

このような会話では,メアリーの eight euros が通常もつ「最大限」という含意は取り消され,8 ユーロを超えるお金をもっていることが示唆される．

2.4.2 発話内容からの分離不可能性

会話的含意は，文脈と発話内容とを組み合わせて解釈する（推論する）ことで導き出されるものであり，発話の文字通りの意味が異なっていても，発話内容が類似していれば，同じような含意が解釈できるというものである．(29)はアイロニーの例だが，(29a)と(29b)の発話の文字通りの意味は異なっているが，発話内容は類似しているので，同一のコンテクストでは(29c)のような含意を伝達する．

(29)（文脈：のび彦はテストで5点しか取れず，クラスで最下位である．）
 a. 発話1：のび彦は本当に天才だな．
 b. 発話2：のび彦は絶対にノーベル賞を取れるよ．
 c. 含意：のび彦は本当にバカだ．

2.4.3 計算可能性

同様のコンテクストと同様の発話が提示されれば，時間や空間を超えて，同じ含意が推論できるということである．たとえば，(29)のような会話的含意の例は，今年度の受講生でも5年後の受講生でも，同じ含意が計算できる．

2.4.4 非慣習性

発話に記号化されている意味ではなく，協調の原則や公準に基づき，推論によって導き出されるのであるから，含意には特定の言語形式との関係において慣習性はないという特性である．（ただし，グライスの言う慣習的含意については，この特性は当てはまらない．）

2.4.5 伝達後明示可能性

含意を直後に明示できるという特性である．たとえば，(30a)の含意は(30b)であり，(30c)は発話の後半で含意が明示されているが，発話の慣習的意味ではないから同じことを繰り返しているような冗長性は感じない（Huang 2007）．

(30) a. The soup is warm.
 b. The soup is not hot.
 c. The soup is warm, but not hot

2.4.6 普遍性

会話的含意は言語を超えて普遍的なもので，一般化された会話的含意でも特殊化された会話的含意でも，どのような言語においても（おそらく）普通に解釈できる．これは推論という人間の能力，協調の原則や公準が，言語コミュニケーションを行う際の普遍的な能力や要素であるということを示している．

2.4.7 完全特定化不可能

会話的含意は記号化された意味ではなく，推論により出てくる意味であるので，ある発話の会話的含意は1つの含意に特定することはできないという特性である．解釈する側の聞き手は話し手の意図の特定を完璧にすることはもちろんできないし，話し手自身ですら自分の含意を特定できない場合もある．(31) のような陳腐なものですら，メタファーはこの特性を示す好例である．

(31) You are my sunshine.

2.5 グライス理論の課題と問題点

この章で紹介したグライスの考えは，現在の語用論に大きな影響を与えてきた．このグライスの考えを中心に語用論は発展したといっても過言ではない．一方，グライスの考えをもとに，実際の言語使用の分析を進めていく過程で，多くの問題や課題も生まれた．最後に，そうした問題，ないし，課題を5つほどあげておく．

2.5.1 発話解釈における推論

グライスの考えによると，発話の解釈は，暗号解読コードのようなものを用いて機械的に行われるものではなく，文字通りの意味や公準をもとに一種の推論を行って，話し手の意図した意味を読み取ることである．そして，その推論は，本章冒頭でみたような論理的推論や推理のように意識的に行われるものとされた．しかしながら，実際の発話の解釈は，通常，無意識に，しかも，直感的かつ瞬時に行われる．この無意識・瞬時性という点で，発話解釈は，意識的に行われる論理的推論や推理と大きく異なっているように思われる (Wilson 2000)．こうした

発話解釈のような瞬時的推論は，命題とか記号のような表示物を用いて行われる計算のようなものではなく，画像認識や連想のような一種のパターン認識であるとする考え方がある（信原 2003）．そうした考え方はコネクショニズムと呼ばれ，現在さかんに研究されている．しかし，もしコネクショニズム的なとらえ方が正しいとしても，グライスの会話の公準のような基準は何らかの形で取り込まれなければならないであろう．

2.5.2 公準の理論的課題

次に，人間のコミュニケーションを説明するのに，十分な理論装置であるのかという問題がある．おもに，ダン・スペルベル（Dan Sperber）とディアドリ・ウィルソン（Deirdre Wilson）が提案した関連性理論（Relevance Theory）からの反論がある．Wilson（1995）や Sperber and Wilson（2000）では，質の第1下位公準（8a-i），および，質の公準の存在に対して疑義を投げかけている．たとえば，Holland is flat のような言葉を緩く使っているルーストーク（loose talk）の場合を考えると問題点が出てくる．仮に，この例が公準に違反していると仮定しても，その違反がグライスのあげた covert violation にも opting out にも flouting にも当てはまらず，公準を仮定する説明では十分な説明が与えられないと批判している．また，Carston（1988）では，言われたことが意味論の領域であり含意されたことが語用論の領域であるというグライスの大前提には問題があるという点を指摘しつつ，その大前提に基づいて量の公準を用いて分析できる一般化された会話的含意も，関連性理論に基づいた方法でも十分説明できるという主張をし，公準による説明，および，グライスの理論の不十分さを指摘している．このように，関連性理論の立場から，グライスの理論は理論的な不備があるとして批判されている．

2.5.3 公準の限定性

グライスの会話の公準は，基本的には世界についての客観的情報のやり取りを行う行為についての基準で，依頼のように相手に行為を促したり，約束のように自らの行為に言質を与えたりする言語行為には当てはまらない．そうした情報伝達以外の行為については別の公準が考えられなければならない．たとえば，依頼行為に関する量の公準としては，（i）取るに足らないことは依頼してはいけない，（ii）過大なことを依頼してはいけない，というようなものが考えられるかも

知れない（Harnish 1976）．また，2.3節でも述べたが，グライスは「礼儀正しくせよ（Be polite）」といったような社会における人間関係を規定する公準を示唆している．実際，ロビン・レイコフ（Lakoff 1973）は，「（目上の人とか，あらたまった場面での）押しつけない（Don't impose）」，「（対等な人との一般的な場面での）選択肢を与える（Give options）」，「（家族，友達などとの会話における）親しさを増す（Be friendly）」というルールを設定して，会話におけるポライトネスを体系的にとらえようとした．2.2.1項の会話の公準は，言語活動のさまざまな場面でみられるこうした規範のうちの1つであることを忘れてはならない．

2.5.4 公準と社会・文化の関係

グライスの理論は情報を合理的かつ効率的に伝達する際に人間が従う原則を扱っており，その点では社会的，文化的な観点は考慮の外にあるといえる．しかしながら，「情報が合理的かつ効率的に伝達されている」という前提自体がアングロ・アメリカ系文化の考え方に依拠しすぎているという批判もある．その批判が正しいとすると，協調の原則や会話の公準はアングロ・アメリカ圏以外の文化におけるコミュニケーションには十分な説明が与えられないという問題が出てくる可能性もある．たとえば，アングロ・アメリカ圏と比較して，フィンランド人は寡黙であり（Tannen and Saville-Troike 1985），先住アメリカ人は言語伝達に重きを置かず（Jaworski 1993），日本人は間接的な伝達方法をとるなどと言われている．これらの言語使用慣習が異なる話し手がコミュニケーションを行う場合，意図せざる誤解が起こる．その原因を公準に求めるならば，最終的には，公準がそれぞれの言語文化の中での言語使用に関わる規範の1つになり，グライスが意図した普遍的な説明力をもつ理論的枠組みではなくなってしまう可能性がある．

2.5.5 慣習的含意について

現在，慣習的含意については，グライス流の考え方を踏襲する立場もあるが（Horn 2007），発話の付随的意味として「言われたこと」の中に含める考え方がある（Bach 1999）．その根拠としては，P but Qの場合，間接話法 She said that P but Q では，that 節で伝えられる「言われた」内容の中には，and と同じ P and Q という命題内容だけでなく，but が付加する P と Q を対比する命題内容も含まれることなどがあげられる．一方，付随的意味という点に注目して，非制限関係詞

節，同格名詞句，発話修飾語，エピセットなどの副次的命題内容と同種のものとする考え方もある（Potts 2005）．

🔍 より深く勉強したい人のために

まず，グライス自身の書いた Grice（1975）（Grice（1989）に所収）を読み，その後グライスの考えを基本的には継承している Levinson（2000），Geurts（2010）や Sperber & Wilson（1995）の関連性理論を読んでみるのがよい．関連性理論に関しては，最近のものに今井編（2010），Wilson & Sperber（2012）がある．

また，最近では Bach（1999），Potts（2005），Horn（2007）などを中心として，慣習的含意についての研究が盛んで興味深い．

✏️ 演習問題

1. 例文（19）から（22）について，それぞれどのような公準に違反し，どのような含意が解釈できるか．ヒント：(22a), (22b) は，それぞれ X is X, X is not X という形をしている．
2. 協調の原則や会話の公準は，生得的なものか，学習するものか，どちらの考え方が妥当だろうか．具体的な事例をもとに意見を述べなさい．
3. 次の例で，ベンの下線部の発話はどの公準に違反しているか．また，それによってどのような含意が生まれているか．

    （別れた恋人 Elaine を追っかけて UC Berkeley まで来た Ben の下宿を，その Elaine が逆に訪ねて来た場面）

    Elaine：I wanna ask you a question and then I'm going!
    Ben：Come in.
    Elaine：No. I wanna know why you are here in Berkeley?!
    Ben：<u>Because...I am.</u>　　　　　　　　　　　　　　　　（*The Graduate*）

4. 次の例について，問いに答えなさい．

    （ヤクザっぽい男ソニーが，資産に損失が出るので，会計弁護士のエイヴァリーに脅しをかけている場面）

    Sonny：...Hey, you don't know me. <u>I'm a nice guy</u>. You lose a million bucks for me… <u>I'm not gonna hurt you</u>. <u>I'm not gonna break your legs</u>.
    Avery：Sonny, let's don't get carried away here, all right?　（*The Firm*）

    （ⅰ）下線部の発話はどの公準に違反しているか．
    （ⅱ）公準に違反しない発話に言い換えるとすれば，どのようになるか．

(iii) 公準に違反した発話と違反しない発話とでは，その効果にどのような違いがあるか．

第3章 意味論的意味との接点

中島信夫・五十嵐海理

　語用論的意味は，意味論的意味と明確に区別されるものではなく，連続的につながっているといってもよい．この章では，具体例の分析を通して，そうした語用論的意味と意味論的意味の接点をみてみる．

3.1 意味論的含意

　次の (1) の文を用いて目の前の花を記述した場合，その記述が正しければ，(2a) や (2b) を用いた同じ花の記述も正しいといえる．
(1) 　This is a red rose.
(2) 　a. This is red.
　　　b. This is a rose.

意味論では，このような場合，(1) の文は (2a) の文，ないしは，(2b) の文を「（意味論的に）含意する（entail）」という．この**意味論的含意**（entailment）の関係は一方向の関係で，逆は必ずしも成り立たない．花の色がバラに似た別種の花の場合，(2a) は正しくても (1) は間違っているし，花はバラだがその色が正確にはピンク色である場合も，(2b) は正しくても (1) は間違っている．

　文の意味内容である命題は，ある特定のコンテクストにおける発話において初めて確定するので（序章，1章），ある文 A がコンテクスト c で発話されたことで確定された命題を 〚A〛^{c} と表すとすると，意味論的含意は (3) のようになる．
(3) 　Sentence A entails sentence B if and only if：
　　　For any context c, if 〚A〛^{c} is true, then 〚B〛^{c} is true.

つまり，A が B を意味論的に含意するということは，任意のコンテクストにおいて A, B が発話されたときに，A の命題が真であるとき，B の命題も真である，ということである（以下では，〚A〛^{c} という表記は煩雑になるので，単に A と記す）．

　(1) と (2) の含意関係は，red rose における修飾語の働き，すなわち，バラのなかで赤いものに限定する働き，に還元して考えることができるが，次の (4) と

(5a) (5b) の含意関係は接続詞 and の意味特性に帰せられる．

(4) Mayo is an officer and a gentleman.
(5) a. Mayo is an officer.
    b. Mayo is a gentleman.

このように，文にみられる意味論的含意の関係は，文を構成する単語の意味や，その構造の一部といったような，特定の部分の関係に限定して考えることができる．

3.2 尺度含意

前節の意味論的含意とは異なる推論が and を含む (6) のような例においてみられる．

(6) a. X：I like Mary. She's intelligent and good-hearted.
       Y：She's intelligent.
    b. Y doesn't think Mary is good-hearted.　　　　　　(Carston 1998)

(6a) において，「メアリは聡明で思いやりがある」と X は言うが，Y は「メアリが聡明である」ことのみに同意し，「思いやりがある」という性質には言及していない．このことから，X は，(6b) に示したように，「Y がメアリを思いやりがある人物だとは思っていない」ことを理解する．この理解は，(4) から (5) が導かれるような意味論的含意に基づくものではなく，会話的含意によるものである．というのは，この含意は，2.2.1 項で示した量の公準 (i) に従って，「必要とされる情報は intelligent で足りており，より情報量の多い intelligent and good-hearted ではない」と推論することから生まれるからである．

このような会話的含意は，一般化された会話的含意で，尺度含意（scalar implicature）と呼ばれる．それは，次のような意味論的含意によって作られる尺度，〈P and Q, P〉に基づくからである．

(7) If P is true and Q is true, then P is true.

一般に，意味論的に強い表現（strong expression）S と弱い表現（weak expression）W とからなる尺度〈S, W〉がある場合，強い表現 S ではなく弱い表現 W が使われると，「話し手は強い表現 S は成り立たないと思っている」という含意が生まれる．

3.2 尺度含意

次の (8a) のような数量詞 some を含む発話では，(8b) のような尺度含意が生まれる．

(8) a. Mary ate some of the apples.（メアリはリンゴをいくつか食べた．）
　　b. Mary ate some, but not all, of the apples.（メアリはリンゴをいくつか食べたが，すべて食べたわけではない．）

この場合の含意は，尺度〈all, some (and perhaps all)〉に基づくが，この尺度は (9) のような意味論的含意関係による．

(9) If Mary ate all apples, then she ate some (and perhaps all) apples.

意味論的には，some は some and perhaps all の未指定の意味（underspecified meaning）に解釈され，たとえば，リンゴが 100 個ある場合，食べたのが 2 個でも 3 個でも，50 個でも，限度の 100 個でも，She ate some apples. と矛盾しない．したがって，(9) の含意関係が成立する．

some を使うことにより生まれる not all という尺度含意は，次のような不適切な例によって確かめることができる（♯ は「語用論的に不自然」という意味）．

(10) ♯ Some dogs are mammals.

(10) が不適切なのは，some の尺度含意によって (11a) のように解釈されるので，それと論理的に等しい (11b) のように，「すべての犬が哺乳類というわけではない」という明らかに事実に反した含意を生むからである．

(11) a. Not all dogs are mammals.
　　 b. Some dogs are not mammals.

尺度含意は，会話的含意なので，意味論的含意と違って取り消す（cancel）ことができる．たとえば，次の例では，some による尺度含意「すべてではない（but not all）」が in fact によって取り消されている．

(12) Mary ate some of the apples, in fact all of them.

さらに，if not を用いると尺度含意を中断（suspend）することもできる．次の (13) では，most による尺度含意 not all を if not all により中断し，all の可能性を残している．

(13) The history of most countries, if not all, has been marred by the evil consequences of religious and other intolerance. 　　　　　　　　　（Google より採取）
　　 （すべてのとは言わないが，ほとんどの国の歴史は，宗教やその他の不寛容の悪しき結果によって損なわれることがあった）

あるいは，or possibly によって most の未指定の意味を明示することによっても中断できる．

(14) The history of most countries, <u>or possibly all</u>, has been marred by…

また，強い表現と弱い表現との対比が問題とならないコンテクストでは尺度含意は生まれない．たとえば，次の例では，対象の出現や存在自体が問題とされ，量は問題ではないので尺度含意はない．

(15) a. Some birds flew past the window. (Carston 1995)
  b. A：If any of the students have failed I'll be in trouble.
   B：I'm afraid some of them have. (Carston 1995)

次は，some distance（ある程度の距離）という表現で「かなりの距離」が示唆されているが，some の未指定の意味が利用されており，尺度含意はない．

(16) The park is some distance from my house.

これは，日本語の「ちょっと」という語の次のような用法と似ている．

(17) 公園は，私の家からちょっと（＝かなり）離れたところにある．

尺度含意は，数量詞（quantifier）以外にも次の表のように接続詞，形容詞，副詞，動詞，助動詞など多くのものが知られている（Levinson 1983, Carston 1998, Horn 2000, Horn 2010）．いずれの場合も，対応する日本語でも成り立つ．

(18)
 a. 〈all, most, many, some, few〉
 b. 〈always, usually, often, sometimes〉
 c. 〈excellent, good〉
 d. 〈love, like〉
 e. 〈freezing, cold, cool, lukewarm〉
 f. 〈necessarily p, p, possibly p〉
 g. 〈certain, probable / likely, possible〉
 h. 〈hot, warm〉
 i. 〈must, should, may〉
 j. 〈none, few / not many, not all〉
 k. 〈professor, senior lecturer〉
 l. 〈himself, him〉

(19) （記号は (18) の a. 〜 l. に対応）
 g. 例文：It's possible she'll win.

意味：It's at least possible...

尺度含意による解釈：It's not certain that she'll win. = It's possible that she will not win.

d. 例文：I like you.

意味：I at least like you.

尺度含意による解釈：I don't love you.

h. 例文：It's warm.

意味：It's at least warm.

尺度含意による解釈：It's warm but not hot.

i. 例文：You may use the car.

意味：You (at least) may use the car.

尺度含意による解釈：It's not the case that you must use the car.
    = You are permitted not to use the car.

l. 例文：John likes him.

意味：John$_i$ likes him$_{i/j}$.

尺度含意による解釈：John$_i$ likes him$_j$. (Disjoint reference for *him*)

尺度 (k) は，上下の位 (ranking) に基づくもので，意味論的含意関係によるものではない．(1) も同一指示と別指示との尺度〈coreference, disjoint reference〉で，意味論的含意によるものではなく，代名詞の解釈を語用論的に説明しようとするものである (Levinson 1987, 1991, 2000)．こうした意味論的含意以外の尺度による含意も数多く知られている．

また，2章でも例をあげたが，従来，基数 (cardinals) については，

〈..., *n*, ..., 5, 4, 3, 2, 1〉

という尺度により，at least *n* の意味に at most *n* の含意が加わり exactly *n* の意味になるとされてきた．しかし，at most *n* の意味は，会話的含意ではなく意味論的意味ないし含意であることが指摘され，現在では，exactly *n* の意味がもとで，at least *n* や at most *n* に派生する，あるいは，数詞 *n* は多義的でもともと3つの意味をもつと考えられている (Horn 1992, Carston 1998)．たとえば，数詞は (20a) のような at least の意味だけでなく，(20b) のように at most の意味で使われる場合があり，その場合，at most は意味論的意味であって会話の含意ではない．

(20) a. Mary needs three A's to get into Oxford. (Carston 1998)

b. She can have 2000 calories without putting on weight. (Carston 1998)

3.3 論理との接点

論理は意味論的意味および含意の中核となるものであるが，この節では，そうした論理が語用論的意味とどのようにかかわっているかを，実例に則して考察してみることにしたい．

3.3.1 論理語の意味，真理条件

単語の中には，not（でない），and（そして，かつ），or（あるいは），if-then（ならば）など論理語（logical words）と呼ばれるものがある．これらの単語は，筋道を立てて話をしたり，話を聞いてあることを推論したりする場合に重要な役割を果たし，論理の根幹を形成している．

そうした論理語の意味は，dog, dance といった単語のように，ある具体的な物事ではない．論理語の場合は，ある文から別の文を作るという統語的働きに対応させて，ある文の意味から別の文の意味を作る，あるいは，ある意味を別の意味に対応（mapping）させる「働き」を，その意味と考えることができる．

そして，その場合の文の意味は，発話が表示する事態そのものではない．論理語では事態が実際に成立しているかどうかが重要であり，ある文の発話が表す事態が成立している場合，その文は，真（true）であり，成立していないと，偽（false）であると言われる．こうした真偽に関する，真か偽かという値，すなわち，真理値（truth value）を，論理語の働きを考える場合の，文の意味とすることができる．したがって，ある文の意味を別の文の意味に対応させる論理語の意味は，ある真理値を別の真理値に対応させる働き，と考えることができる．

このことを，まず，(21) の否定語 not の例についてみてみる．

(21) a. The students feel sleepy.
　　 b. The students do not feel sleepy.

たとえば，何人かの学生が寝ている状況について言われたとすると，(21a) は真であり，対応する (21b) は偽になる．逆に，活気があって寝ていない状況では，(21a) は偽で (21b) が真になる．つまり，否定語 not は，真を偽に，偽を真に対応させる働きをしている．このような働きは，慣例にならって表1のような真理表として表すことができる．ここで，P は文，¬ は not，T は真（true），F は偽

(false) をそれぞれ表す.

表1　not (¬) の真理表

P	¬P
T	F
F	T

　and, or, if の場合は, 2つの文をつないで1つの文を作るので, その働きは, 2つの文の真偽の対を真か偽に対応させることである. その場合, 1つの文がそれぞれ真と偽の2つの値を取るので, 4通りの真偽の組合せについて対応を考えることになる.

　まず, (22) の and の例では, つなぎ合わされる文の両方が真の場合だけ全体の文が真になる.

(22) The lecture is dull and the students feel sleepy.

つまり, (22) の文が真になるのは, 授業が退屈で学生が眠くなる状況だけで, ほかの真偽の組合せ (たとえば, 授業は面白いのに学生が寝ている状況) ではすべて偽になる. したがって, このような and の働きは表2のような真理表で表される.

表2　and (∧) の真理表

P	Q	P∧Q
T	T	T
T	F	F
F	T	F
F	F	F

　or によってつながれた文では (両方とも真の場合を含め) 少なくとも一方が真であれば, 全体は真となる. たとえば, 次の (23) の例では, 少なくとも, 学生に向学心があるか, 教室が騒がしいか, のいずれかが成り立っている状況であれば, 全体は真になる.

(23) The students are eager to learn or the classroom is noisy.

　このような or (∨) の働きは表3のような真理表で表される.

表3 or (∨) の真理表

P	Q	P∨Q
T	T	T
T	F	T
F	T	T
F	F	F

条件文 If P, then Q では，P が真であるのに Q が偽であるような場合に全体が偽になり，その他の真偽の組合せではすべて真とされる．たとえば，(24) の例では，講義は面白いのに，学生が寝てしまうような状況で偽となる．

(24) If the lecture is interesting, (then) the students feel less sleepy.

そして，講義が面白く，学生が眠くならない状況だけでなく，講義が面白くなくても眠くならない状況や講義が面白くなくて眠くなる状況でも真になる．このような if-then の働きは，表4のような真理表で表される．

表4 if-then (→) の真偽表

P	Q	P→Q
T	T	T
T	F	F
F	T	T
F	F	T

[練習問題1] P∧Q と Q∧P，P∧Q と Q∧P が同値になることを真理表で確かめなさい．これに対し，P→Q と Q→P とは同値でないことを確かめなさい．

3.3.2 論理語 AND と OR の用法

a. AND

and の真理表によると，左右を入れ替えた P∧Q と Q∧P とは真理条件は同じであり，実際，次の (25a)，(25b) は，それぞれ (26a)，(26b) と同じことを言っている．

(25) a. John is tall <u>and</u> he is intelligent.
　　　b. They never knew which Reeva they would find. She could be charming, <u>and</u> she could be frightening.
　　　　　　　　　　　　　　　　　　　(John Grisham, *The Confession*)

(26) a. John is intelligent and he is tall.
　　 b. She could be frightening and she could be charming.

しかし，次のような and の左右の節が出来事を表す例では，通例，左の出来事が右の出来事に先行するという then（それから）を補った解釈になるため，左右の順序を入れ替えると意味が違ってくる．

(27) a. She got married and she had a baby.
　　 b. She had a baby and she got married.

実際，次のように then を明示する場合もある．

(28)　Keith mumbled a few awkward phrases into the phone and then slapped it shut.
(John Grisham, *The Confession*)

補われる意味には，then だけでなく，[ ] 内に示すようにさまざまな意味がある．

(29) a. She gave him the key and [then] he opened the door [with the key].
(Carston 2004：67)
　　 b. He is honest and [because of this] I can trust him.
　　 c. A string of firecrackers went off near the central stairwell, and [as a result] panic swept the school.　　(John Grisham, *The Confession*)

こうした付加された意味は，1章1.3節でみた意味の拡充によるものと考えられる（Carston 2004）．したがって，2章でみた特殊化された会話の含意と違い，and によって結合された文全体の発話の意味内容に組み込まれ，真理条件の一部になる．たとえば，(30a) の条件文は正しいが，(30b) は正しくないということから，付加された「一方が他方に先行する」という意味が命題の一部になっていることが確かめられる（Levinson 2000）．

(30) a. If you have a baby and get married, then the baby is strictly speaking illegitimate.
　　 b. If you get married and have a baby, then the baby is strictly speaking illegitimate.

次の比較構文で，もし「先行する」という意味が命題の一部でないとすると，「あるものがそれと同一のものよりもよい（X is better than X.）」という矛盾した文と解釈される．

(31)　Driving home and drinking three beers is better than drinking three beers and driving home. (Wilson 1975)

しかし，実際には矛盾ではないことから，付加された意味が命題の一部になっていることがわかる．また，次の例のように，この付加された「先行する」という意味を否定することもできる（Carston 1989）．

(32)　A：She gave him the key and he opened the door.
　　　B：No. He opened the door before she gave him the key.

なお，and で結合された文の発話と別々の発話とでは意味はあまり変わらないが，一般には異なった解釈になることに注意すべきである（Carston 1993）．たとえば，次の場合，(33a) の and で結合された文の発話は，すでにみた例と同じく「足を折ったことが滑った原因」になっているが，(33b) では，後続の発話は「滑ったことが足を折った原因である」として，先行する発話を説明する働きをしている．

(33)　a. John broke his leg and he slipped on a banana skin.
　　　b. John broke his leg. He slipped on a banana skin.

日本語では，(33b) のような場合には，「ジョンは足を折った．バナナの皮で滑ったのだ」のように，「〜のだ」を付加して先行の発話の説明であることが明示される．

b. OR

接続詞 or の真理表によると，P と Q が両方ともに真のとき P∨Q は真になるが，日常的な or の用法では両方が真の場合は除外される．次の例は，通常，「ジョンは図書館にいったか，本に取り組んでいたかで，その両方ではない」と解釈される（Levinson 2000）．

(34)　John went to the library or he worked on his book.

つまり，次のような意味になる．

(35)　John went to the library or he worked on his book, but not both.

次のような疑問文では，明らかに P？か Q？のどちらか一方を尋ねており，両方の場合を含めて（P∨Q）？と問うているのではない．

(36)　Are you the life of the party, mingling with everyone at the center of the room, or do you stay on the sidelines? (N. Christakis & J. Fowler, *Connected*)

真理表のような or は包含的解釈（inclusive disjunction）であり，(35) とか (36)

のような解釈は非包含的解釈（exclusive disjunction）である．

しかしながら，通常の解釈に含まれる「両方ではない（not both）」という意味は，「P and Q が P or Q を含意する」という含意関係に基づく尺度〈and, or〉から生じる尺度含意で，or の本来の意味は真理表のような包含的解釈であると考えられる．つまり，or を選択して（34）のように言うということは，より強い and を選択しなかったということで，P and Q が否定され，¬(P∧Q) のような会話的含意が導出され，結局（35）のような非包含的解釈が導かれる．このように or の本来の意味を真理表のように考えるのは，包含的解釈が可能な，あるいは，優先される場合が数多くあるからである．

たとえば，次のような例では，マリアが「頭も良いし，勉強家でもある」と解釈しても別に間違いではない．

(37) Maria is very smart, or she is very hardworking.

(Chierchia & McConnell-Ginet 2000)

また，条件節や no, every などの付いた名詞句の中では，包含的解釈になる．

(38) <u>If Sue is a linguist or an anthropologist</u>, she is familiar with the linguistic relativity hypothesis. (Carston 2004)

さらに，もし，非包含的意味が or の本来の意味であるとすれば，P or Q を否定したとき，¬¬(P∧Q)，つまり P∧Q の解釈が可能になるが，実際には ¬P∧¬Q の解釈だけでそのような解釈はできない（Grice 1989, Chierchia and McConnell-Ginet 2000）．次の（39a）は，（39b）の解釈だけである．

(39) a. Mary didn't see (either) John or Bill.
　　　b. Mary didn't see John and Mary didn't see Bill.

なお，日本語では，非包含的解釈は「〜か〜か」で表し，包含的解釈は「〜とか〜とか」で表して，語彙的に区別する（森山 2000）．

(40) a. 私は酒を飲む<u>か</u>歌を歌う<u>か</u>したかった．
　　　b. 私は酒を飲む<u>とか</u>歌を歌う<u>とか</u>したかった．

[練習問題 2]　次の 2 つの命題が，同じ真理条件になることを真理表で確かめなさい．
　(a)　¬(P∧Q) と ¬P∨¬Q,
　(b)　¬(P∨Q) と ¬P∧¬Q,
　(c)　(P∨Q)∧¬(P∧Q) と (P∧¬Q)∨(¬P∧Q).

3.3.3 論理語の働き

この節では，条件文を中心として，日常的な言葉遣いの中で論理語がどのような働きをしているかをみてみるが，まず，具体的な例で，条件文と and や or によって結ばれた文との論理的関係を確認しておく．たとえば，(41) の下線部は¬P∨Q の形をしているが，これは (42) の条件文に書き換えることができる．

(41) "My, oh, my!" said her grandma. "Little girls shouldn't make faces like that, or they'll turn into monkeys!"　　　　　（松谷みよ子,『ふたりのイーダ』(英訳 P. Bush)）

(42) If little girls make faces like that, they'll turn into monkeys.

(43) の例は，P∨Q の形をしているが，同様に，条件節を否定にした (44) の条件文に書き換えられる．

(43) a. Stop complaining, or I'll give you the opportunity to look for a better job.
　　　　　　　　　　　　　　　　　　　(N. Meshkoff Hopes, *Love and Dreams in New York*)

b. "See where he (＝Romeo) comes. So please you step aside, I'll know his grievance or be much denied."　　　　(Shakespeare, *Romeo and Juliet*)

(44) a. If you don't stop complaining, I'll give you the opportunity to look for a better job.

b. If I'm not much denied, I'll know his grievance (＝what is worrying him).

また，(45) の下線部は，¬(P∧¬Q) の形をしているが，これも (46) のような条件文に書き換えができる．

(45) "There isn't any place where women have had the choice that they haven't chosen to have fewer children," says Beverly Winikoff at the Population Council in New York City.　　　(National Geographic, October 1998, "Population Increase")

(46) In every place, women have chosen to have fewer children if they have had the choice.

前節で規定した，P→Q の真理表は，このような書き換えに基づいていると言っていい．つまり，こうした書き換えをもとにすると，P→Q は，¬P∨Q および ¬(P∧¬Q) と真理条件が等しくなければならず，そのためには，P が真で Q が偽の場合のみ偽でなければならないからである．

[練習問題 3] P→Q が，¬P∨Q および¬(P∧¬Q) と同じ真理条件であることを真理表で確かめなさい．

2 章冒頭でみたように，しばしば条件文は推論に用いられる．そこでは，「P と

「P→Q から Q を導く」推論規則モーダス・ポーネンス（modus ponens）を用いた次のような推論が行われていた．

(47) Marty's parents didn't meet (because he interfered with his parents' first meeting).
If they don't meet, they won't have kids.

They won't have kids.

つまり「マーティが邪魔をしてしまったために両親の出会いがなくなってしまった」という前提ともう1つの前提「出会いがなければ，マーティ達は生まれなくなるだろう」から，「マーティ達は生まれなくなるだろう」という結論が得られる．

次の (48) では，エリンの条件文は，「エドの事務の人員は十分である」というエドの発言を否定する含意をもつが，これは「¬Q と P→Q から ¬P を導く」推論規則モーダス・トレンス（modus tollens）を利用したものである．

(48) Ed：I'm sorry about that…But, we have a full staff right now, and not…
Erin：Bullshit! <u>If you had a full staff, this office would return a client's damn phone call.</u>
(*Erin Brockovich*)

つまり，エリンは，条件文を用いることにより，エドの言うことが本当なら，すぐ返事をくれることになるが，事実は「いくら問い合わせても返事をしてくれなかった」と暗にほのめかすことにより，次のような推論をするよう示唆している．

(49) If you had a full staff, this office would return a client's damn phone call.
This office didn't return a client's damn phone call.

You don't have a full staff.

この推論により，条件節の否定である「エドの事務の人員は十分でない」という結論が含意され，結果としてエドの発言を否定することになる．

このようなモーダス・トレンスを用いて相手の発言の否定は，次のような慣用表現を用いた例でよくみられる．

(50) a. If she is smart, I'm a monkey's uncle.
b. If he is innocent, I'll eat my boots.

P→Q が，¬P∨Q と同義であるという関係を用いると次のような言い方もできる．

(51) That date was written with a fountain pen or I'll eat my boots!

モーダス・ポーネンスにも，次のような慣用的な言い方がある．

(52) a. If I stand here, I saw him.
  b. She must be thirty-five if [she is] a day [old].
  c. Somewhere I'd seen a place where there were trees that had the same unkempt appearance before. <u>If Yuko's anywhere, that's where she'll be for sure!</u>

(松谷みよ子，『ふたりのイーダ』（英訳 P. Bush））

これらの例では，条件節に偽ではあり得ない命題をもってきて，主節の表す命題も同様に偽ではあり得ないことが主張されている．

論理的に命題 P, Q が等しいという同値関係（equivalence），つまり，P が真であれば Q も真であり，逆に Q が真であれば P も真であることを，P if and only if Q で表すことがある．

(53) Alfred will be elected if and only if Alfred stands for office.

(Kalish & Montague, *Logic*：*Techniques of Formal reasoning*)

これは，次の2つの条件文を組み合わせたものである．

(54) a. If Alfred stands for office, he will be elected.
  b. Alfred will be elected only if he stands for office.

Q only if P は，If Q, then P, (Q→P) と同値になる．「P の場合のみ Q だ」ということは，「P でなければ Q でない（¬P→¬Q）」ということであり，¬P→¬Q は Q→P の対偶になっており，両者は論理的に等しいからである．(55b) のような場合，Q→P の形で表すと，時間的前後関係が含意として読み込まれるので，通例，Q only if P ないし，¬P→¬Q の形で表される．

(55) a. ?If Alfred is elected, he will stand for office.
  b. If Alfred doesn't stand for office, he won't be elected.

日常的な場面でも，P if and only if Q という言い方をすることがある．

(56) Ed, to Erin：Okay, here's the deal. If and only if you find all the evidence to back this [case] up, I'll do it. I'll take it on.

(*Erin Brockovich*)

ここでは「この訴訟に関する十分な証拠が得られれば裁判を起こすが，そうでなければ起こさない」と主張されている．

[練習問題4] P→Q と ¬Q→¬P が同じ真理条件になることを真理表で確かめよ．また，P if and only if Q を P↔Q とすると，↔の真理表はどうなるか．

3.3.4 誘導推論

一般に (57a) のような条件文が与えられた場合，(57b) のように解釈しがちである．

(57) a. If you mow the lawn, I'll give you five dollars.
　　 b. If you don't mow the lawn, I won't give you five dollars.

つまり，「芝を刈ったら，5 ドルあげる」と言われた場合，普通，「芝を刈らなかったら，5 ドルはもらえない」と理解する．このように理解すると，(57b) は，(58a) のように言い換えることができるので，(57a) と合わせて最終的には，(58b) のように同値関係として解釈することになる．

(58) a. Only if you mow the lawn will I give you five dollars.
　　 b. If and only if you mow the lawn, I'll give you five dollars.

ガイスとツウィッキー (Geis & Zwicky 1971) は，P→Q から¬P→¬Q へと，このように推論が誘導 (invite) されることを，条件完成 (Conditional Perfection) と呼んだ．そして，現在，このような推論は一般に**誘導推論** (invited inference) と呼ばれている．ただし，この誘導推論は，P→Q が真でも¬P→¬Q は必ずしも真ではないから，論理的に保証された推論ではない．(57) の例でいうと，(57a) が真でも (57b) が偽になることがあるのである．たとえば，芝を刈っていないのに 5 ドルもらった場合，(57a) は，条件節が偽で主節が真で，全体は真になるが，そのとき (57b) は，条件節が真で主節が偽で，全体としては偽になってしまう．

誘導推論は，一種の語用論的推論と考えられ，ある種の尺度による尺度含意であるとする考え方 (坂原 1985, 小出 1997, van der Auwera 1997) や，量および関係の公準により条件文が必要十分条件，つまり，同値関係，に強化されるとする考え方がある (Horn 2000)．いずれも，誘導推論を一種の一般化された会話の含意とする点では一致している．

誘導推論は，コンテクストによって出やすい場合とそうでない場合があることに注意すべきである．たとえば，次の (59) の条件文は，(60a) の想定のもとで発言されると誘導推論は出ないが，(60b) の想定のもとでは自然に出る (小出 1997)．

(59) 試験が簡単なら，彼は合格するだろう．
(60) a. 彼は非常によく勉強しているし，もともと優秀だ．
　　 b. 彼はぜんぜん勉強していないし，もともと能力がない．

また，一般に，情報内容に関して，条件節が背景で主節が焦点になっている条件文の発話では誘導推論は起こりにくく，逆に，主節が背景で条件節が焦点になっている場合には起こりやすい（坂原 1985）．たとえば，次の例では，条件節は，先行する発話を受けて背景情報を表しているので，誘導推論は起こりにくい．

(61)　My lawn needs mowing. If you mow it, I'll give you five dollars.

これに対し，次の例では，5 ドルやるかどうかが問題となっているので，主節が背景で条件節が焦点になり，「芝を刈らなければ，5 ドルやらない」という誘導推論が容易に起こる．

(62)　A：I want five dollars.
　　　B：If you mow the lawn, I'll give you five dollars.

次の (63) のように，誘導推論が働いて，「買い物」と「部屋の掃除」とがあたかも交換条件のように解釈される例でも，(64) のような主節を背景とするコンテクストが考えられる．

(63)　買い物をしてくれれば，部屋の掃除はやらなくてもいいですよ．
　　　　　　　　　　　　　　　　　　　　　　　　　（ソルヴァン・前田 2005）

(64)　A：部屋の掃除なんかしたくないよ．
　　　B：買い物をしてくれれば，部屋の掃除はやらなくてもいいですよ．

以上の例の誘導推論は，Only if P, Q で言い換えられるように，条件節 P は必要条件（つまり，Q の成立には P の成立が不可欠で，P が成立しなければ Q が成立しない）を表すが，次のような例では，もとの誘導推論を引き起こす条件文の方の条件節（¬P）が必要条件になっている．

(65)　a. You will die if you do not have the operation.
　　　　　　　　　　　　　　　　　（Van Canegem-Ardijns and Van Belle 2008）
　　　b. Henry：...But as soon as Mike or your wife appears, I'm demoted to busboy.
　　　　 Basil：What do you expect? <u>If you don't like it, start your own restaurant.</u> But as long as you work for me, you'll do what I say.
　　　　　　　　　　　　　　　　　　　　　　　（N. Meshkoff 1998, *Hopes, Love and Dreams*）
　　　c.（無実の罪で刑務所に拘留中の息子から，面会で親兄弟に泣かれると辛いと聞かされて，母親（Roberta）がもう泣かないようにと諭す場面）
　　　　 There has been no more tears, not from Roberta, Andrea, Cedric, Marvin, or any other relative or friend. Roberta made this very clear with each visit. <u>If you can't control yourself, get out of the room.</u>

(John Grisham, *The Confession*)

これらの条件文は，それ自体が only if を用いて次のように言い換えられる．

(66) a. Only if you have the operation, will you not die.
　　 b. Only if you like it can you work for me.
　　 c. Only if you can control yourself will you be allowed to talk to him.

そして，条件節が十分条件となった次のような誘導推論が出て，条件完成になる．

(67) a. If you have the operation, you will not die.
　　 b. If you like to be a busboy, you can work here.
　　 c. If you can control yourself, you will be allowed to talk to him.

条件文 P→Q の P と Q がもともと同値の場合は，誘導推論 ¬P→¬Q はもとの条件文と実質的には同じ意味である．

(68) a. 3 角形は，内角の和が 180°である．
　　 b. 未成年の子が婚姻をするには，父母の同意を得なければならない．
　　　　　　　　　　　　　　　　　　　　　　　　　　　（民法第 737 条）

これらの誘導推論は次のようになり，もとの条件文と同様，正しい命題を表す．

(69) a. 3 角形以外の多角形は，内角の和は 180°ではない．
　　 b. 成年者が婚姻をするには，父母の同意はいらない．

法律解釈では，誘導推論のような解釈を「反対解釈」といい，正しい解釈として認められている．

なお，次のような条件文では，その意味内容からして誘導推論は起こらない（Van Canegem-Ardijins & Van Belle 2008）．

(70) a. If you're thirsty, there's some beer in the fridge.
　　 b. If he invites me to dinner I will not go.
　　 c. If you saw John, did you speak to him?

3.3.5 トートロジーと矛盾

伝統的論理学には，思考の法則の 1 つとして，次の同一律（principle of identity）というのがある．

(71) X は，X である．

X には，名詞句，節，指示表現が入るので，具体的には次の 3 つの例が考えられる．

(72) a. A rock is a rock.
　　 b. If it is cold, it is cold.
　　 c. John is John.

(72a) は，次のように言い換えられるので，(72a), (72b) はいずれも条件文 P→P の形をしている．

(73)　For any x, if x is a rock, x is a rock.

P→P は，表5からわかるように，Pが真でも偽でも条件文全体としては真になる．

表5　トートロジーの真偽表

P	P→P
T	T
F	T

このように常に真であるような文は**トートロジー**（tautology）と呼ばれ，P→P を言い換えた P∨¬P, ¬(P∧¬P), ¬P→¬P の形をした文はすべてトートロジーである．

[練習問題5]　次の形の命題がトートロジーであることを真理表で示しなさい．
　P∨¬P, ¬(P∧¬P), ¬P→¬P

トートロジーは，「明日雨が降れば，雨が降る」といった同語反復や，「明日は雨が降るか降らないかのどちらかだ」といった天気予報であるので，世界について何ら有意味な情報はもたないが，実際には，いろいろな場面でしばしば使われる．たとえば，次の (74a) は P→P の形をしているが，(74b) のように解釈され，自分のしたことに後悔している人に対しては，有意味な情報を与えることができる（Levinson 1983）．

(74) a. It's done and if it's done, it's done.
　　 b. It's no good regretting what has already happened.

この例のように，一般に，P→P という条件文の形のトートロジーは，「Pの場合には，P以外の選択肢はない」といった含意をもつ．

(75) a. If I die, I die.　　　　　　　　　　　　　　　(BBC, *Top Gear*)
　　 b. But when they're gone, they're gone.　　　　(Ward & Hirschberg 1991)

たとえば，(76a) は「俺が死ねば死ぬのは俺で，他の誰でもない」といった意味合いになる．

次は，P∨¬P の形をしたトートロジーであるが，2つの選択肢を示して，それ以外に選択肢がないことを強く主張している．

(76) (シンシアはデイヴィッドの娘であるが，パティはそのことを知らない)
　　　 Patty：Was Cynthia a pill?
　　　 David：That's a rather difficult question.
　　　 Patty：Why? Either she was or she wasn't.
　　　　　　　　　　　　　　　　　　　(F. H. Herbert, *The Moon is Blue*)

次のビートルズの「愛こそすべて」という歌にあるトートロジーは，¬(¬P∧P) という形をしている．

(77) There's nothing you can do that can't be done.
　　　 Nothing you can sing that can't be sung.
　　　 Nothing you can say but you can learn how to play the game.
　　　　　　　　　　　　(John Lennon and Paul McCartney, *All You Need is Love*)

これは，次のような ¬P→¬P の形に言い換えることができ，「できないことは，できないことで，それで良いではないか」といった，現実を受け入れる楽観的態度を表す (Berntsen & Kennedy 1996)．

(78) a. You can do nothing that can't be done.
　　　 b. For any x, if x is not F, x is not F. (F = what you can do)

論理学のもう1つの法則に矛盾律 (principle of contradiction) というのがある．

(79) X は，非 X ではない．

これは，P∧¬P は常に偽で真になることはあり得ないということで，P∧¬P は**矛盾** (contradiction) と呼ばれる．

トートロジーと同じように，矛盾も世界について有意味な情報を与えないが，実際には，次のような矛盾を含んだ言い方をすることがある．

(80) But then reputed logicians aren't always logicians, either.
　　　　　　　　　　　　　　　　　　(J. Barwise and J. Etchemendy, *The Liar*)

たとえば，(80) は (81a) を意味論的に含意し，(81b) のように P∧¬P の形をしている．

(81) a. Some logicians are not logicians.

　　　　b. There is some x such that x is A and x is not A.

このように，(80) の例は矛盾を含むが，いずれも「名の通った論理学者の中には本当の意味で logician と言えないような人が存在する」といった意味に解釈される（4章 4.1.3 の「メタ表示否定」を参照）．

　矛盾の否定 ¬(P∧¬P) は，P→P というトートロジーになるので，(82) のような「A は，A である」という形のトートロジーは，(80) のような「A であって A でないものが存在する」という矛盾した言い方を否定することができる（坂原 2002）．

　(82)　Logicians are logicians.

したがって，(82) は「（名の通った論理学者の中には本当の意味で論理学者と言えない人がいるといっても）論理学者は論理学者で，論理学者であることには変わりはない」といった解釈ができる．

[練習問題6]　P∧¬P の真理表を作りなさい．

　次の例で，B のトートロジーは，「君の古いコンピューターは，コンピューターといっても今の標準からするとコンピューターとは言えないのではないか」と暗に言われたことに対する反論である．

　(83)　A：Would you like this new computer with a 1.7 gigahertz processor and 256 megabytes of RAM or do you want to keep your old machine?
　　　　B：A computer is a computer.　　　　　　　　　　（Bulhof and Gimbel 2001）

また，次の例のトートロジーは，「いくらボロでも動くという点では，やはり車だ」といって，ステレオタイプ的な車の特徴を強調している．

　(84)　Speaker A：Do you really want to travel through Europe with that old crate?
　　　　Speaker B：Why not? A car is a car.　　　　　　　　　　（Meibauer 2008）

一方，(85) では，「いくら触媒装置が付いているからといっても，車である限り，多少なりとも環境を汚染する」といって，否定的な面から車の特徴付けを行っている．

　(85)　Speaker A：It's not true that I pollute the environment ; my car is fitted with a catalytic converter.
　　　　Speaker B：Come on, a car is a car.　　　　　　　　　　（Meibauer 2008）

　先行発言を受けたものではない「A は A である」というトートロジーは，「他

に選択肢がない」という含意をさらに進めて普遍化し「Aは普遍で変わらないものだ」といった含意をもつ．たとえば，次のトートロジーは，「日常の基本的な価値は時が経っても変わらないものだ」いった意味を表し，still, just という語がさらにその不変性を強調しており，間接的には，ファシズムとか強権政治を非難している（Berntsen & Kennedy 1996）.

(86) You must remember this
　　 A kiss is still a kiss
　　 A sigh is just a sigh
　　 The fundamental things apply
　　 as time goes by　　　　　　　　　　　　　　（H. Hupfeld, *As Time Goes By*）

次のような慣用化したトートロジーでも「不変性」が含意される．

(87) a. Boys will be boys.
　　 b. 規則は規則だ.

(87a) は，「男の子というものは，どうしても男の子らしくふるまうものだ，少々騒がしくても大目に見てあげなければならない」といったほどの意味であり，(87b) は，たとえば，違反をした人に対し，「規則には従うもので変えられないから，違反を見逃すわけにはいかない」といったほどの意味で用いられる．

(72c) のような形のトートロジーは，次のように指示対象の同定に用いられる．

(88) A：そこで，太郎にあったよ.
　　 B：太郎って？
　　 A：太郎は太郎だよ．お前の息子じゃないか．　　　　　（坂原 2002）

つまり，「俺の言っている太郎は，お前の息子の太郎だ」という意味である．次も同様に，同定の文と考えられる．

(89) 時間が時間だ．（時間が遅い時間だ）　もう帰った方がいい．　　（久保 1992）

同一人物でも時間の経過によって変わりうるから，次のように「自分は以前の自分と違う，違わない」といった言い方ができる．

(90) a. I am not what I was.
　　 b. Andy：Nate. Come on. <u>I'm still the same person I was</u>. I still want the same things.　　　　　　　　　　　　　　　　　　　　（*The Devil Wears Prada*）

次のようなトートロジーでは，「変わらない」という意味を表す．

(91) あいつはやっぱりあいつだ．（あいつはあいかわらずダメだ）　　（久保 1992）

また，次の例では，「今日という日が，君の誕生日という特別な日であるように，君は君でほかの何物によっても代えられない特別な存在だ」といった意味合いで，独自性，特殊性が強調されている．

(92) Today you are you! That is truer than true!
There is no one alive who is you-er than you! (Dr. Seuss, *Happy Birthday to You!*)

🔍 より深く勉強したい人のために

尺度含意に関連した詳しい議論については Levinson (2000)，Carston (2002) などを読むのがよい．誘導推論，トートロジーについては，本文で言及している文献を読むこと．意味論について本格的に勉強したい人には，語用論に関する事項も扱われている Chierchia & McConnell-Ginet (2000)，Can, Kempson & Gregoromichelaki (2009) などがある．論理学の数学的記述や記法に抵抗のある人は，野矢 (1999) の第 1 章，第 2 章あたりを読むのがよいかもしれない．意味論的意味との接点について，本章とは異なった観点からの細かい議論については Recanati (2004) がある．

✏️ 演習問題

1. 下線部で or both が付け加えられているのはなぜか．
 (Day は記者で，ある殺人事件を探るため容疑者の弁護士の Robbie Flak に同行したいと申し出たが，Flak に取材内容の発表に条件を課されることになる場面)
 Of course Day had been eager to tag along, but he had been forced to agree to a list of firm conditions that basically prevented him from reporting anything until so directed by Robbie Flak. If he tried, he and Buck the cameraman would in all likelihood be either beaten or shot, or both. (John Grisham, *The Confession*)
2. 次の and で結合した発話ではどのような意味が付け加わるか．そのような付加的意味を取り消すにはどのような語句を後続させればよいか．また，前後を入れ替えたとき，どのような効果が現れるか．
 A string of firecrackers went off near the central stairwell, *and* panic swept the school.
 (John Grisham, *The Confession*)
3. 次はどういうタイプのトートロジーであろうか．また，どういった解釈になるか．
 Play it safe, Wayne countered. Just thirty days, maybe we'll learn something new about the case. But it's been nine years, Barry retorted. Enough is enough.
 (John Grisham, *The Confession*)
4. 下線部からどのような誘導推論が導出されるか．

There were six questions on the list that the lawyers had hammered out, and if the jury answered yes to number five, then the whole world would go crazy.

(John Grisham, *The Appeal*)

第4章 メタ表示

中島信夫

　序章では，(1)のような文が用いられた場合，その音声とか文字といった媒体としての発話をある事態を表示する表示（物）と呼んだ．また，その場合の発言内容である命題も世界の有様を表示する一種の表示（物）とみなした．

(1)　I gave him an apple.

さらに，表示という概念を拡張して，発話をトークンとするタイプとしての文そのものや，文を構成する句とか単語などの文法単位も表示と見なすことができる．我々は，しばしば，次のように，文，句，単語といったそうした表示について説明することがある．

(2)　英語で I gave him an apple は I gave an apple to him と同意味の表現であるが，to him の to が一方の文にはない．それは an apple と him との位置の変化が示して居ることになる．

（大塚高信，『英語学論考』）

この場合，英語の文，句，単語といった表示について説明する日本語の文，あるいはその発話も同じく表示である．しかし，同じ表示（物）でも，日本語の文や発話は，英語の文，句，単語よりも一段上のレベルの高次（meta-）の表示である．このような（表示についての）高次の表示は一般に**メタ表示**（metarepresentation）と呼ばれる．

　(2)では，メタ表示とその対象となる表示とは別々の言語であるが，次のように同じ言語の場合もある．

(3)　a.　'I gave him an apple' is a grammatical sentence.
　　　b.　'Apple' is a noun.

同じ言語の場合でも，対象となる表示とそのメタ表示とはレベルの違うまったく別ものなので，一般に，対象となる方を引用符で囲って区別する．このことを理解するために，まず次のように，正三角形図を描いて，その図を指示表現 this で指し示す場合を考えてみたい．

(4) This is an equilateral triangle.
　　　　　↓
　　　　　△

これは，this に代えてその図を引用符で囲って文の中に取り込んで，(5) のように表記しても実質は同じである．

(5) '△' is an equilateral triangle.

この引用符の中の図と is an equilateral triangle という表示とが別レベルの別ものであるのと同じように，(3) の引用符内の表示とその他の表示とは同じ英語でも別レベルのものである．また，(5) からわかるように引用符は指示表現 this と同じ働きをしていると考えることができる．

次のメタ表示では，対象となる表示はフランス語であるが，句といった文法的単位ではなく，その表示を含む侮辱（insult）とか返答（reply）という行為になっている．

(6) Jews in France live in the shadow of hatred : Local residents say that the insult 'sale Juif' (dirty Jew) is a fact of daily life ; asking a local if they have suffered abuse and 'bien sur' (of course) is the most common reply.

(*The Japan Times* Saturday, March 12, 2011)

直接話法もメタ表示の一種である．

(7) a. "I just thought it might be important," said Miss Hartnell.
　　　"It might," I agreed.
　　b. Harbison whispered, "I need to see you for a few minutes."

序章でみたような，that 節を含む文・発話も，that 節は命題という表示を表すので，メタ表示の一種である．

(8) a. Joan claimed that she had given him an apple.
　　b. She thinks that people are surviving on little food and water.
　　c. In telling a lie, the speaker intends that the hearer take what she says as true.

この種のメタ表示を作る動詞には，発話行為動詞（e.g. claim）や心的態度を表す動詞（e.g. think, imagine, desire, intend）など数多くある．また，動詞 call, describe などを用いた表現もメタ表示である．

(9) a. There was a woman's clothing store *called* "Breeze."
　　b. Safaricom is *described* as "one of the most admired companies in the emerging

world."

次のように，副詞（句）を用いたものもメタ表示の一種と考えられる．

(10) a. *Presumably*, Apple will be holding a press conference on Friday.
 b. *According to you* I'm stupid, I'm useless...But *according to him* I'm beautiful, incredible.
(Orianthi, *According To You*)

これらはいずれも that 節を用いたメタ表示に言い換えることができる．

(11) a. It is presumable that Apple will be holding a press conference on Friday.
 b. You say that I am stupid and that I am useless.

このようにメタ表示には実にさまざまなものがあるが，以下では，メタ表示ということが明示されない言語表現を中心にみていく．それらは，語用論的観点から興味があるだけでなく，英語では日本語に比べメタ表示であることを明示しない傾向が強いので，言語間の対照という点でも興味深い．

4.1 メタ表示発話

4.1.1 メタ表示であることが明示されない場合

メタ表示であることが明示されていない場合でも，コンテキストによってメタ表示と判断される．たとえば，(12) の後半の文の発話では，「背の高い男は男だ」という同語反復的なことが主張されているのではなく，表示としての文についてのメタ表示が主張されている（Wilson 2006）．

(12) Some propositions are tautologies. For instance, a tall man is a man.

つまり，(13) のようなメタ表示になっている．

(13) 'A tall man is a man' is a tautology.

あるいは，トートロジーという論理的特性に注目すれば，命題という表示についてのメタ表示と考えることもできる．

(14) The proposition that a tall man is a man is a tautology.

また，次のように発話者が明示されない場合もある．

(15) A：What did Joan say?
 B：I hate Jane.

B の発話は，(16) のようなメタ表示と解釈され，「B 自身がジェーンを嫌ってい

る」と言っているわけではない．

(16) Joan said, "I hate Jane."

(15) の例では，先行する A の発話によって発話者が特定できるが，(17) の例では暗示的にしか示されていないため，複数の解釈ができる（Wilson 2000）．

(17) Frederick reproached Elizabeth. She had behaved inconsiderately.

まず，(18a) のように話し手自身の発言で，フレデリックがエリザベスを非難した理由を述べていると解釈できる．また，(18b) のメタ表示のようにフレデリックの発話を伝えている解釈や，(18c) のメタ表示のようにフレデリックの言動から心の中を推測して伝えている解釈ができる．

(18) a. (I say,) She had behaved inconsiderately.
　　 b. Frederick said, "She behaved inconsiderately."
　　 c. Frederick thought that she had behaved inconsiderately.

次の (19) の例では，後半は話し手の発言ととるよりも，(20) のように学生の思考を表しているととる方が自然である（Wilson 2006）．

(19) The students were thoughtful. If they didn't act now, it would be too late.

(20) The students were thoughtful. They thought themselves, "If we don't act now, it will be too late."

例 (17) の (18b)，(18c) の解釈や，(19) の (20) の解釈は，**自由間接話法**（free indirect speech）とか**描出話法**（represented speech）と呼ばれる．この話法では，時制や代名詞は間接話法と同様，発話時に合わせて調整されるが，語順や now, here, tomorrow, today, yesterday, this, that などの直示表現はもとの発話のまま用いられる．自由間接話法は，小説などで作中人物の思考を表現する手法としてよく用いられる．次はそうした例である．

(21) Tomorrow was Monday, Monday, the beginning of another school week!

(D. H. Lawrence, *Women in Love*)

(22) Connie was a little overwhelmed by his words. She knew he was right theoretically. But when she actually touched her steadily-lived life with him she…hesitated. Was it actually her destiny to go on weaving herself into his life all the rest of her life? Nothing else?

(D. H. Lawrence, *The Lady Chatterley's Lover*)

(23) What department did she want? Elizabeth interrupted her.

(Virginia Woolf, *Mrs. Dalloway*)

これらの例では，(24) の直接話法によるメタ表示との比較からわかるように，時制は現在時制 is, do から過去時制 was, did に，代名詞 my, you は her, she に調整されるが，語順と直示表現 Tomorrow はそのままになっている．

(24) a. Ursula thought herself, "Tomorrow is Monday…."
   b. Connie thought herself, "Is it actually my destiny to go on weaving myself into his life all the rest of my life? Nothing else?"
   c. "What department do you want?" Elizabeth interrupted her.

次は，抽出話法と間接話法が合わさったような例で，(26) のように解釈できる．

(25) Cheering a little he rocked round in a U-turn and set off for the return to Paddington Station where <u>he assured me again that he hadn't seen nothing, nor heard nothing neither, and he wasn't going to get involved, did I see?</u>

(Dick Francis, *Come to Grief*)

(26) He assured me, "I haven't seen nothing, nor heard nothing neither. I'm gonna get involved. Do you see?"

日本語では，もとの発話の時制を発話時に合わせることは行われず，代名詞は通例明示しないので，英語と同じような自由間接話法は存在しないが，誰の発言かを明示しないという点では似ている表現方法がある．

(27) <u>きっと，サバを読むのが好きな国民性なんだろう</u>．最初はそう思っていたが，どうやら本当に自分の年齢を数えていない人も多いようだ．

(朝日新聞「特派員メモ：メンディ（パプアニューギニア）」, 2011.3.11)

この例の下線部は，通常の文脈では，(28) のように話し手の発話時の信念を表すが，後に続く発話によって実際は話し手の過去の信念を表すと解釈される．

(28) 「きっと，サバを読むのが好きな国民性なんだろう．」と（私は）思う

次の例の下線部は，執筆者の思考とか主張を表しているのではなく，公正取引委員会の思考とか主張を表している．

(29) <u>世界市場に巨大なライバルが存在し，輸入品が簡単に入ってくる時代に，企業はどこまで大きく強くなってよいのか</u>．「独占禁止法の番人」も悩みつつ，新時代の審査のあり方を模索しているようだ．

(朝日新聞 社説「企業の合併審査」, 2011.3.10)

4.1.2 エコー・クエスチョン

次の (30) のように，相手の発言を受けてそれを問い返す疑問文は**エコー・クエスチョン**（echo question）とか**繰り返し疑問**と呼ばれる．

(30) A：I bought a hybrid car.
　　　B：You bought a hybrid car?

また，発話の一部を問い返す場合もある．

(31) A：I bought a hybrid car.
　　　B1：You bought what?
　　　B2：You bought a what?

質問とか命令を問い返すこともできる．

(32) A：Did you buy a hybrid car?
　　　B1：Did I buy a hybrid car?
　　　B2：Did I buy what?
(33) A：Buy a hybrid car.
　　　B1：Buy a hybrid car?
　　　B2：Buy what?

エコー・クエスチョンは，もとの発話の I, you を you, I に変えるといった点で自由間接話法に似ている（Noh 1995）．たとえば，(34) をメアリーが自由間接話法で伝える場合，前節でみたように (35) のようになる．

(34) Peter to Mary：Have you ever been to Paris?
(35) (Peter asked me,) Had I ever been to Paris?

同じ発話のエコー・クエスチョンは (36) のようになる．

(36) Peter：Have you ever been to Paris?
　　　Mary：Have I ever been to Paris? (you ask?)

エコー・クエスチョンは，もとの発話と同じ場面であるので時制の一致を受けないが，語順の保持，人称の変更などの点では自由間接話法と同じである．また，(37) のように，別の指示表現に置き換えることが可能である（Noh 2000）．

(37) A：Mr. Obama will be speaking tonight.
　　　B：<u>The president</u> will be speaking when?

日本語にも同じようなエコー・クエスチョンがある．

(38) A：僕はハイブリッド車を買ったよ．

　　　　B1：君はハイブリッド車を買ったって（言うのか）？
　　　　B2：君は何を買ったって（言うのか）？
(39)　A：君はハイブリッド車を買いましたか？
　　　　B：私がハイブリッド車を買ったかって／買ったかどうかって（言うのか）？
(40)　A：ハイブリッド車を買えよ．
　　　　B：ハイブリッド車を買えって（言うのか）？

例の示すように，日本語では引用を示す「って（と）」が用いられ，メタ表示であることが明示される．また，英語と異なり「…かどうか」という間接疑問の形も可能である．

　英語のエコー・クエスチョンもメタ表示と考えられ，(41)のB，(42)のBは，それぞれ(43a)，(43b)のように言い換えることが可能である（Noh 2000）．

(41)　A：I'm leaving on Tuesday.
　　　　B：You are leaving on Tuesday?
(42)　A：Have you read Great Expectations?
　　　　B：Have I read Great Expectations?
(43)　a. Are you saying that you're leaving on Tuesday?
　　　　b. Are you asking whether I have read it?

実際の会話でもメタ表示であることを明示して，(42)のBは，(44a)や(44b)のように言われることもあるが，あまり一般的ではない（Noh 1995）．

(44)　a. You ask did I read 'Great Expectations'?
　　　　b. Did I read 'Great Expectations', you ask?

こうしたメタ表示としてのエコー・クエスチョンは，相手の発話（表示）に対する疑念を表明する働きをしている．

　これまでの例では，命題という表示，あるいはその一部について問い返していると考えられるが，発話という表示の一部を構成する単語とか発音について問い返す場合もある（Carston 1996）．

(45)　A：We trapped two mongeese.
　　　　B：You trapped two mongeese? You mean mongooses.
(46)　A：Did you call the POlice?
　　　　B：POlice? I called the poLICE.（大文字は強勢を表す）

(45)では，mongooseという単語の複数形が問われており，(46)ではpoliceとい

う単語の強勢の位置が問われている．これらの例では，命題ではなく発話という表示（の一部）についてのメタ表示になっている．たとえば，(46)のBの問い返しは次のように言い換えられる（Iwata 2003）．

(46) Did you say "POlice"?

4.1.3　メタ表示否定

一般に，否定文の発話は否定的な事態を表す．たとえば，(47a)の発話は「うれしくない」という事態を，(47b)の発話は「東京へは行かなかった」という事態を表す．

(47) a. I'm not happy.（＝I am unhappy.）
　　　b. He didn't go to Tokyo : he went to Sendai.

ところが，次のような発話はそうした否定的事態を表しているのではない．

(48) I'm not happy ; I'm ecstatic.

(49)の発話も，「子供が生まれなかった」とか「結婚しなかった」といった否定的事態を表してはいない（Horn 1989, 373）．

(49) They didn't have a baby and get married, they got married and had a baby.

次の(50)は，がんで残り数ヶ月の命となったジョージと息子サムとの会話である．ジョージはがんであることを隠して，一緒に家を建てながら夏休み中のサムと余命を過ごそうとするが，そのことにサムが気づいてしまう．

(50)　Sam：So this whole thing…this whole summer, having me here, was for your sake. You selfish fuck. Having me here, trying to get me to like you?
　　　George：No, Sam. <u>I wasn't trying to get you to like me. I was trying to get you to love me.</u>
　　　Sam：Well, congratulations. Because you fucking pulled it off.

(*Life as a House*)

ここでも，ジョージの発話は「好きにならせようとはしなかった」といった否定的事態を表しているのではない．

それから，いわゆる前提の取り消しと呼ばれる(51)の否定文の発話についても同様のことが言える．

(51) a. Joan did not stop smoking, she never smoked.
　　　b. The king of France is not bald—because there is no king of France.

これらの例では,「タバコを吸うのをやめる」とか「はげである」という言い方がそもそも不適切であるとされており,否定的事態を表しているのではない.

(51)の否定は,(52)のような命題についてのメタ表示文を否定していると考えられ,**メタ表示否定**(metarepresentational negation)ということができる(Noh 2000).

(52)　It is true (*or* the case) that (proposition).

たとえば,(51b)の否定は次のような形をしていると考えられる.

(53)　It is not the case that the king of France is not bald — there is no king of France.

こうした命題についての否定は,否認(denial)とも呼ばれ,命題が世界の有り様を正しく表示していないことを主張するものである(Barwise & Etchemendy 1987).つまり,"The king of France is bald." というのは,フランスに国王がいるような世界についていえることで,いないような(実際の)世界についてそういう言い方をするのは不適切だと(53)は言っている.

また,(48),(49),(50)の例も同様にメタ表示否定と考えることができる.

(54)　It is not the case that I am happy — I am ecstatic.

(54)は(48)の言い換えで,(世界の一部分である)話し手の心的状態を記述する仕方として(55)のようにいろいろあるが,そのうち happy は不適切で ecstatic が適切であると言っている.

(55)　The speaker is happy, excited, joyful, delighted, or ecstatic.

(49)でも(56)のように,2人の結婚に関する状況の記述として,「子供ができてしまったから結婚した」というのは不適であると言っている(Horn 1989).

(56)　It is not true that they had a baby and got married — they got married and had a baby.

日本語では,こうしたメタ表示否定は一般に「(という)のではない」という言い方で表すことができる.

(57)　a. うれしいっていうんじゃない(うれしいどころか),天にも昇る気持ちだ.
　　　b. 結婚してから子供が生まれたというのではなく,生まれたから結婚したんだ.

一方,通常とは違った否定には,(58)のようなものもある.

(58)　a. We didn't see the hippopotamuses. We saw the hippopotami.　　(Carston 1996)

b. He didn't call the POlice, he called poLICE.　　　　(Horn 1989)

これらは命題の不適切さを問題にしているのではなく，単語とか発音などの表示の不適切さを問題にしており，(58a) は次のように言い換えることができる．

　(59)　I didn't say, "We saw the hippopotamuses." I said, "We saw the hippopotami."

日本語では，このような場合も「(という) のではない」で表すことができる．

　(60)　ニホンが勝ったのではなく，ニッポンが勝ったのだ．

また，次の (61) や (62) のように一見矛盾した言い方も言語表現の不適切さを問題にしている．

　(61)　A：Did you talk to the pretty girl at the party?
　　　　B：The "pretty girl" was not pretty. Her makeup deceived us.　　(Noh 2000)
　(62)　Anna (on the phone)：It's me. The press are here. No, there's hundreds of them. <u>My brilliant plan was not so brilliant</u>, I know. I know. I know. Uh, just get over here.　　　　　　　　　　　　　　　　　　　　　　　　　　(*Notting Hill*)

これらは，たとえば，次のように言い換えることができる．

　(63)　The one who you call a 'pretty girl' was not pretty.
　　　　(その綺麗だという女の子は (実際は) 綺麗ではなかった)

こうした単語とか発音などの言語表現のメタ表示を否定するものもメタ表示否定であるが，特に**メタ言語否定**（metalinguistic negation）と呼ばれている．

4.1.4　発話行為を修飾する副詞表現

英語には，次のように何を修飾しているかが明示されていない副詞がある．

　(64)　a. Frankly, she doesn't trust Bill.
　　　　b. Confidentially, the boss is a moron.

こうした副詞は，次の言い換えからわかるように，発言行為，あるいは，発話行為を修飾している．

　(65)　Frankly speaking, she doesn't trust Bill.

日本語では，こうした副詞の修飾関係は次のように明示される．

　(66)　<u>はっきり言うと</u>，彼女はビルを信用してないよ．

このような副詞を含む発話は，次のような直接話法のメタ表示になっていると考えられる (Mittwoch 1977)．

(67) a. I tell you frankly, "She doesn't trust Bill."
　　 b. はっきり言うと,「彼女はビルを信用してない」ということだ.

したがって,基本的には次のような直接話法の例と同じである.

(68) "She doesn't trust Bill," he told me frankly.

この (68) のような場合,引用符中の発話は,(5) の三角形の図のようにタイプを指示する働きをしている.これは,一足の靴を指し示して次のような文を発話するとき,those はその目の前にある靴そのものではなく,そのタイプを指すのに似ている (Recanati 2001).

(69) Those are no longer in fashion.

ただし,(67) のように伝達部の主語が話し手の場合,引用符の中の発話は,タイプを指示する働きをしているだけでなく,話し手の主張行為も同時に行っており,この点が,(68) の直接話法と異なっている (Potts 2005).たとえば,(67a) (= (64a)) では,"I tell you frankly, …" という主張に加えて,次のような主張も同時になされている.

(70) I assert that she doesn't trust Bill.

こうした二重の働きは,次の (71a) の the book が (71b) の先行文の特定の一冊の本を指す the book の働きと後続文のタイプを指す It の働きの2つを同時に果たしているのに似ている (Nunberg 1979).

(71) a. The book I am reading is out of print.（今読んでいる本は絶版だ）
　　 b. I'm reading the book. It is out of print.

こうしたことからわかるように,(67) の直接話法による分析は,(64),(65),(66) における副詞表現の働きをうまく説明できる.

　一般に,(64) のように発話行為修飾副詞を含む構文では,副詞に後続する文の働きの方が優先される.たとえば,エコー・クエスチョンでは,副詞を除いた部分の発話だけが繰り返される (Iwata 2003).

(72) A：Quite frankly, I'm the one who stole the picture.
　　 B：(*Quite frankly,) you are the one who stole WHAT?

ただし,場合によっては,次のように副詞の働きの方に注目し,真偽を問題にすることができる (Ifantidou-Trouki 1993).

(73) Bill：Confidentially, Peter broke up with Jane.

4.1 メタ表示発話

Ann : That's not true. You're not being confidential, you've told everybody in the College.

また，副詞の部分だけに注目したエコー・クエスチョンも可能である（Iwata 2003）．

(74) Jim : Quite frankly, I'm the one who did it.
　　　Tim : QUITE FRANKLY? I know you're always joking.

副詞に加えて，副詞句や副詞節も発話行為を修飾する働きをする．

(75) a. <u>To be frank</u>, she doesn't trust Bill.
　　 b. John has left, <u>in case you haven't heard</u>.
　　 c. Well, <u>since you must know</u>, Cynthia happens to be my daughter.
　　　　　　　　　　　　　　　　　　　　(F. H. Herbert, *The Moon is Blue*)
　　 d. Your medicine's there, anyway, <u>if you want it</u>. (T. Rattigan, *The Browning Version*)

また，後続する発話が質問の場合もある（Bach & Harnish 1979）．

(76) If you're so smart, who is the voice of Bugs Bunny?

このような場合も，通例日本語では修飾関係を明示する．

(77) a. お聞きになっていないといけないので<u>言っておきますが</u>，ジョンはもう出かけました．
　　 b. そんなに賢いんなら<u>聞くけど</u>，バッグスバニーの声は誰だい？

次の (78) のBのように，相手の発言や思考を条件節の中で繰り返すような場合，(79) のように節の中がメタ表示になっている（Noh 2000）．

(78) A : I love her.
　　　B : If you loved her, why didn't you come to the party?
(79) If <u>you say</u> you love her, I say, 'why didn't you come to the party?'

また，(80) では，主節は相手に言ってもらいたい発話を例示している．

(80) (The door bell is ringing.)
　　　Mary to Jane : If that's John, I'm not here. (Noh 2000)

つまり，(81) のように言い換えられる．

(81) If that's John, (you) tell him, "Marry is not here."

このような場合，日本語では，通例，引用であることが明示される．

(82) a. ジョンだったら，私（＝メアリー）はいないって，（言ってちょうだい．）
　　 b. ジョンだったら，（あなたが言うのは）「私（＝メアリー）はいない」ですよ．

4.2 心的状態のメタ表示

4.2.1 心の理論

われわれは，(83)の例のように，日常生活の場で，他人の行動とか振る舞いからその人の心の中を読み取ること（mind reading）を絶えずしており，そのような知的働きは「心の理論（theory of mind）」と呼ばれている（Doherty 2009, Perner 1991）．

(83) それから僕は彼女の母親がだんだん僕のことを奇妙な目で見始めているように感じたのだ．「どうしてこの子はいつまでもうちに遊びに来るのかしら．もう近所に住んでもいないし，学校も別なのに」と．あるいは僕は感じすぎていたのかもしれない．でもとにかく当時，僕はその母親の視線が気になって仕方なかった． (村上春樹，『国境の南，太陽の西』)

ここで，主人公の「僕」は，彼女（島本さん）の母親の振る舞いから (84a) のように感じ，さらに，(84b) のように母親の心の中を推測している．

(84) a.「僕は彼女の母親が僕のことを奇妙な目で見ている」ように僕は感じた．
b.「「どうしてこの子はいつまでもうちに遊びに来るのかしら．もう近所に住んでもいないし，学校も別なのに」と彼女の母親が思っている」と僕は思った．

この母親の振る舞いの解釈 (84b) では，「「…」と彼女の母親が思っている」のようなメタ表示が用いられている．

発言行為を解釈・理解する場合も，こうしたメタ表示を用いた心の読み取りが行われている．たとえば，(85) のグライスの例がそうした例である（Grice 1989）．

(85) At a genteel tea party,
A: Mrs. Smith is an old bag. (There is a moment of appalled silence.)
B: The weather has been quite delightful this summer, hasn't it?

ここで，Aは，Bが場違いなことを言ったことから，Bの (86) の発言行為は (87) のような行為であることにまず気付く．

(86) B said, "The weather has been quite delightful this summer, hasn't it?"
(87) (A realizes that) B is deliberately ignoring A's remark.

そこで，Aは (86) の発言行為を理解するために，(88a) や，さらに，(88b) のよ

うに B の心の中を推測すると解釈できる．

(88) a. (A believes that) B believes A's remark should not be discussed.
　　 b. (A believes that) B believes A's remark was a social gaffe.

同じ言外の意味を了解する場合でも，次のような例ではメタ表示は用いられない．

(89) A：Do you want to go play some ball?
　　 B：I'm working.

この場合，A は B の発話 (90a) から直接一般的な知識 (90b) を用いて (90c) を推論すると考えられる．

(90) a. (B said that) B is working.
　　 b. (A believes that) If someone is working, he cannot go and play any ball.
　　 c. (A believes that) B cannot go and play any ball.

この場合には，(85) の例のように，(86) の発言行為を (87) のように解釈し，その一見不可解な行為を説明するために (88) のように相手の心の中を推測するということは行われていない．

4.2.2　共有知識

しばしば，「知っている」といったような心的状態について，(91) のように入れ子構造になったメタ表示表現が用いられることがある．

(91) Of course, Kobe knew the power of the pen and the muscle of the microphone. Moreover, <u>he knew that I knew that he knew</u>.

(Peter Vecsey, 'NBA Report', *The Japan Times* November 6, 2003)

このような入れ子状の知識は特殊なものではなく，日常のコミュニケーションの場で始終用いられている．このことを，オーレリア（Aurelia）という女性を紹介する次のような場面の会話でみてみる．

(92) Eleonore：…Well, I find you a perfect lady to clean the house. This is Aurelia.
　　 Jamie：Bonjour, Aurelia.
　　 Eleonore：Unfortunately, Aurelia cannot speak French.

まず，紹介前の段階では，(ⅰ) のようにエレノアだけがオーレリアを知っている．

(ⅰ) Eleonore knows who Aurelia is.

紹介された段階では，(ii)のようにエレノアとジェイミーの2人がともにオーレリアを知ることになる．

(ii) a. Eleonore knows who Aurelia is.
　　 b. Jamie knows who Aurelia is.

しかし，固有名が適切に使われるには，このように両者が同じことを知っているだけでは不十分で，それらに加えて次のようにメタ-メタ知識をお互いがもっている状況が成立していなければならない．

(iii) a. Eleonore knows who Aurelia is.
　　　b. Jamie knows who Aurelia is.
　　　c. Eleonore knows that Jamie knows who Aurelia is.
　　　d. Jamie knows that Eleonore knows who Aurelia is.

実際，この(92)の場面では(iii)が成立しているため両者の間で固有名が使われている．

　これに対し，次の(93)の例では，(ii)のような状況は成立しているが，(iii)の状況には至っていないため，まだ，いきなり固有名を使うことができない．

(93) （マフィアに追われる立場のミッチ・マクディアが，逆にマフィアのモロルト一家のところに乗り込んで行く．その場での，ミッチを取り次いだ受付のルースとマフィア幹部達との会話）
　　 Ruth：Excuse me.
　　 Tony：Not now, Ruthie.
　　 Ruth：I think it's urgent, Mr. Morolto.
　　 Tony：Ruthie thinks it's urgent, what do you think, Joey?
　　 Ruth：It's a Mr. McDeere. Mr. Mitchell McDeere. He's waiting to see you.
　　 Joey：I think Ruth is right.
　　　　　　　　　　　　　　　　　　　　　　　　　　　　(*The Firm*)

ここでは，ミッチを追いかけているトニーも取り次いだルースも Mr. McDeere が誰であるか知っており，次の状況は成り立っている．

(ii') a. Tony knows who Mr. McDeere is.
　　　b. Ruth knows who Mr. McDeere is.

しかし，まだお互いに入れ子状の知識をもった次の(iii')（「「相手がミッチを知っている」ということをお互いに知っている」）のような状況にはなっていないため，ルースは，固有名そのものではなく，a Mr. McDeere（＝a man named Mr.

McDeere）という表現で取り次いでいる．

(iii') a. Tony knows who Mr. McDeere is.
   b. Ruth knows who Mr. McDeere is.
   c. Tony knows that Ruth knows who Mr. McDeere is.
   d. Ruth knows that Tony knows who Mr. McDeere is.

実際には，(iii) のような会話参加者がお互いにもつ入れ子構造の知識は，次のようにさらに何層にも埋め込まれた入れ子構造になる．

(94) a. A knows that B knows that A knows that...
   b. B knows that A knows that B knows that...

会話参加者がこのような入れ子状の知識をもった場合，その知識は共有されたといい，そのような知識を**共有知識**（shared *or* common knowledge）という．会話参与者の間で共有知識が生まれるためには，参与者が共有している時空間の中で情報が取り交わされることが必須の条件である（演習問題4を参照）．

より深く勉強したい人のために

本章は，Wilson（2000）をもとにしている．まずこの文献を読み，興味のあるメタ表示について本文で言及している文献を読んでいくのがよい．言及したもの以外には，話法についての山口（2009），引用についてのCappelen & Lepore（2007），共有知識についてのClark & Marshall（1981），Smith（1982）などがある．

演習問題

1. 次の文章の第2段落は，作者ではなく主人公である「川久保」の視点から描写されている．メタ表示を用いて，それを作者の視点から表現してみなさい．例：川久保は，「運転席から，作業着姿の中年男が降りてきた」のを見た．

    男が川久保から視線をそらし，待合室の外に目を向けた．川久保も同じ方向に目をやった．一台のワゴン車が駐車場に入ってきたところだった．ワゴン車は警察車のうしろに停まった．

    運転席から，作業着姿の中年男が降りてきた．この町で工務店を営む男だ．玉木徹三という名だったろう．町の公式行事で，二，三度顔を合わせたことがある．ひとあたりがよすぎるとさえ思える．如才ない印象の男だ．工務店の経営者にはめずらしいタイプだろう．

    （佐々木譲，『制服捜査』）

2. 次の例では，Bの質問に対するAの答えがメタ表示になっている（Blakemore 1994）．

B：What did the article say?
A：Echo questions aren't interrogatives.
B：Echo questions aren't interrogatives?

この場合，A の発話に対する B のエコー・クエスチョンはどのようなメタ表示になるか．

3. 次の会話のウィルは，「自分は「島」のような人間で，だれからも孤立して生きている」と考えている．下線部の否定文は何を否定しているか．

Fiona, to Will：Oh, God. You're a selfish bastard.
Christine, to Fiona：That's what I keep telling him. He always puts himself first.
Will：But I'm on my own. It's just me. <u>I'm not putting myself first</u>, because there's nobody else.

(*About a Boy*)

4. 次は Conway Paradox と呼ばれるパラドックスの簡単な例である (Barwise 1989)．後の問いに答えなさい．

Suppose you have two poker players, Claire and Max, and each is dealt some cards. Suppose, in particular, that each of them gets an ace. Thus, each of them knows that the following is a fact：

σ：Either Claire or Max has an ace.

Now suppose Dana were to come along and ask them both whether they knew whether the other one had an ace. They would answer "no," of course. And if Dana asked again (and again…), they would still answer "no."

But now suppose Dana said to them, "Look, at least one of you has an ace. Now do you know whether the other has an ace?" They would again both answer "no." But now something happens. Upon hearing Max answer "no" Claire would reason as follows： "If Max does not know I have an ace, having heard that one of us does, then it can only be because he has an ace." Max would reason in the same way. So they both figure out that the other has an ace.

最初，クレアとマックスは（ⅰ）の事実（σ）を知っている．次に，ダナが2人に（ⅱ）のように伝えるが，その内容は，2人がすでに知っている事実（σ）である．

（ⅰ） σ：Either Claire or Max has an ace.
（ⅱ） Dana said to Claire and Max, "Look, at least one of you has an ace."

ところが，ダナの発言の後では大きく状況が変わってしまった．それはどのように変わったのか．また，変わったのはなぜか．

第Ⅱ部 ▶ 対人的意味
第5章 発話行為

塩田英子

　ことばの働きは何かと問われて，まず，最初に思い浮かぶのは「情報を伝えること」かもしれない．たとえば，(1)をみてみよう．この新聞記事は事実を正確に伝えることを旨とする情報伝達の典型例である．

(1) World leaders and technology giants led tributes from around the world to visionary Apple founder and former CEO Steve Jobs, who died Wednesday at the age of 56.　　　　　　　　　　　　　　(*The Japan Times* Friday, October 7, 2011)

上の例は，アップル社の最高経営責任者ジョブズ氏が死去したことに関する記事であり，情報内容の真偽を問うたり確かめたりできる．

　しかし，毎日の生活の中では情報伝達だけにことばが使われているわけではない．(2)は，典型的な挨拶の例である．挨拶という儀礼では，事実に関する情報を求めたり与えたりしているわけではない．

(2) Rosalind：How are you doing today?
　　Ed：Fine, thanks. And you?
　　Rosalind：Very well. Thank you for asking.　　　　(*Erin Brockovich*)

また，(3a)の文は，占い師が未来の情報を与えるといった特殊な状況でない限り，通例は，相手に対する命令や指示に用いられる．同様に，(3b)も未来の予測などではなく，約束として用いられる．

(3) a. You will be here at 10:30 tomorrow.
　　b. I will be here at 10:30 tomorrow.

さらに，(4)のホテル客の発話では，案内係への物（金銭）の「贈与」が行われている．

(4) (A bellhop has taken a hotel guest to her room.)
　　Guest：Why don't you take this, uh…just a little something for your trouble.
　　Bellhop：Oh, thank you! …have a pleasant stay.
　　　　　　　　　　　　　　　　　(S. Schecter 1984, *Listening Tasks*)

(5)の牧師の発話では，下線部が表すような社会制度的事実が新たに生まれたと

いうことを宣言している．

(5) Vicar：They declared their marriage by the giving and receiving of rings. I therefore proclaim that <u>they are husband and wife</u>.　　　　　　　　　　(*Love Actually*)

ここでみた (2) の挨拶，(3a) の命令，(3b) の約束，(4) の贈与，(5) の宣言といった行為は，制度的社会を背景にして初めて成り立つ行為である．この章では，こうしたことばを用いて行われる社会的行為である**発話行為**（speech acts）についてみていく．

5.1 発話行為とはどういうものか

5.1.1 遂行発話

ことばによる社会的行為の中には，ことばを発するだけで，そのことばの表す行為を遂行する（perform）ことになるものがある．(5) の "I therefore proclaim that…" や，(6) はその一例である．

(6) a. I promise you to be there at 2 p.m.
　　b. I apologize for my late arrival.
　　c. I forgive you.

(5) の発話は宣言行為を，(6) の発話は，それぞれ約束行為，謝罪行為，相手を許す行為を遂行しており，次のような形をしている．

(7) I (hereby) V [simple present, indicative, active] …　　　　　(Verschueren 1999)
　　(I は 1 人称単数代名詞，V は（発話行為）動詞を表す)

(7) は平叙文の形をしているが，通常の平叙文のように，何かを主張したり記述したりしているのではない．次の (8) の調理方法を説明する発話は，(7) の形をしているが遂行発話ではない．(8) は自分の行為を描写しているだけであって，同時に手を動かさない限り，ことばを発するだけで料理はできない．

(8) I put the cake-mixture into this bowl and add a drop of vanilla essence.

イギリスの言語哲学者オースチン（J. L. Austin）は，(7) の形をした (5)，(6) のような発話を（**明示的**）**遂行発話**（(explicit) performative utterance）と呼んでほかの平叙文の発話と区別した（Austin 1962）．

遂行発話には，いくつかの注意すべきことがある．まず，(7) で示したように遂行発話には副詞 hereby を付けることができる．

(9) I hereby announce my retirement. (Sadock 1974)

この hereby は，(10) のように形は (7) であっても習慣読みに解釈される場合は，付けることはできない．

(10) I promise too many things to too many people. (Searle 1989)

遂行発話は，(7) の形が基本であるが，(11) のような変種がある．

(11) a. 受身形：You are hereby fired. (Sadock 1974)
　　　b. 法助動詞：I <u>must</u> hereby take my leave of you. (Allen 1986)
　　　c. 否定形：I hereby <u>don't</u> grant your request for more funds. (Allen 1986)
　　　d. 埋込形：I wish to announce that I hereby tender my resignation. (Sadock 1974)
　　　e. 主語 we：Clerk：Well, <u>we</u> advise you to drink boiled water, sir. The water in your flask is boiled. (G. Coe 1981, *Colloquial English*)

また，(7) にあてはまるような動詞でも，普通はあからさまに明示しないような行為を表すもの，たとえば，lie, boast, threaten などは，遂行発話で用いることはできない．

(12) *I boast that I'm cleverer than you. (Allen 1986)

ある発話が，こうした動詞の表す行為であるかどうかを判断するには若干の解釈や評価の手順が必要である．たとえば，ある人が自慢している (boasting) かどうかを判断するには，発言内容が自分自身の能力や成果のことか，また，必要以上に誇張していないか，などといったことを考える必要がある．そして，そうした手順の必要性が，「ことばを発することが即そのことばの表す行為になっている」という遂行発話の特性に合わないと考えられる (Vershueren 1999)．

5.1.2　発語行為，発語内行為，発語媒介行為

オースチンは，また，ことばを用いた行為をいくつかのレベルに分けて詳しく分析した．まず，ことばを用いない通常の行為を記述する (13) の例をみてみよう．

(13) 夜，客が訪ねてきたので，克彦は，スイッチを押して門灯を点け，玄関前を明るく照らした．

この例では，「スイッチを押す」「門灯を点ける」「明るく照らす」という 3 つの行為が記述されている．しかし，よく考えてみると，克彦が行っている物理的動作

は,「指を動かす」という1つの動作だけである.それを3通りの言い方をしているだけで,時間的,空間的に独立した3つの行為があるのではない.これは,行為というものがその意図によって区別され,物理的には1つの動作であっても,どういう意図によって行われるかによって,それぞれ別の行為として記述されるからである.(13)の例でいうと,スイッチを押そうと指を動かすのが「スイッチを押す行為」であり,門灯を点けようとスイッチを押すと「門灯を点ける行為」になり,明るく照らそうとして門灯を点けると,それは「明るく照らす行為」と見なされるのである.

ことばを用いた行為についても同様のことがいえる.次に,あるバーでバーテンダーが「5分で店を閉めます」と発話したとき,そのバーテンダーがどういう行為を行っているかみてみよう.

(14) "The bar will be closed in five minutes."　　　　　　　　　　(Bach 2004)

オースチンの考えに基づいてこの発話を分析すると,少なくとも次の4つのレベルの行為として記述できる.

(15)
 （ⅰ） A bartender utters：[ðəba:wilbiklouzdinfaivminəts]("The bar will be closed in five minutes.")
 （ⅱ） He says that the bar will be closed in five minutes.
 （ⅲ） He informs the patrons of the bar's imminent closing (*in* saying that...).
 （ⅳ） He gets the patrons to order a last drink (*by* informing the patrons...).

まず,もとになるのが（ⅰ）の英語の文を発音する行為で,**音声行為**(phonetic act)と呼ばれる.(ⅱ)は,その音声行為で「5分で店を閉めます」という意味内容のことを言う(say)行為で,**発語行為**(locutionary act)と呼ばれる.(ⅲ)は,その発語行為において客に「5分で店を閉めること」を伝える(inform)行為で,**発語内行為**(illocutionary act)と呼ばれる.最後の(ⅳ)は,そのことを伝えることによって客にラストオーダーをさせる(get)行為で,**発語媒介行為**(perlocutionary act)と呼ばれる(il-, per- は,それぞれ in, by の意味の接頭辞).

もう1つオースチンのあげている例をみておこう.

(16) "You can't do that."

ある人物が(16)の発話で,音声行為と発語行為を行ったとする.するとその人物は(16)を発するという発語行為において,あること(that)をやめるよう「抗

議する」という発語内行為を行ったとみなすことができる．そして，その発語内行為により「制止する」という発語媒介行為が行われ，相手が実際にそのこと (that) をやめれば，発語媒介行為は達成される．

(17)
 （ⅰ） 発語行為：He said I could not do it.
 （ⅱ） 発語内行為：He protested against my doing it.〔抗議〕
 （ⅲ） 発語媒介行為：He stopped me.〔制止〕

(15), (17) における「伝える (inform)」，「抗議する (protest)」という発語内行為は，これまでのところで「ことばを用いて行われる社会的行為」と言ってきたものである．一般に，「発話行為 (speech act)」という場合，この発語内行為を指すことが多い．

5.1.3　直接発話行為と間接発話行為

一般に，発話行為としては同じであっても，発語内行為としては異なる場合がよくある．たとえば，"Who are you?（あなたは誰か）" という発話行為は，次のような子供の会話では，「相手が誰であるのかを尋ねる」という発語内行為になっている．

(18) （サムの7歳の弟アダムとサムの友達アリッサ（16歳）との会話）
  Adam：Who are you?（だれっ？）
  Alyssa：Who are you?（（「だれっ？」て）あなた（こそ），だれ？）
  Adam：I'm his brother.（サムの弟だよ）
  Alyssa：I'm his friend.（私は，お友だちよ） (*Life as a House*)

しかし，大人の場合「あなたは誰か」という意味で "Who are you?" と言うことはほとんどなく，別の発語内行為になることが多い．たとえば，「お前，一体，何様だ」といった意味合いで相手の尊大な態度に対して「抗議する」こともある．

逆に，電灯を点けるよう依頼する（発語内）行為は，次のような複数の発話行為で遂行されることができる．

(19) a. I request you to turn on the lights.
  b. Please turn on the lights.
  c. I'd like you to turn on the lights.
  d. Could you turn on the lights?

また，状況によっては，(20) のような発語行為で遠回しに依頼する場合も考えられる．

(20) It's a little dark in here.

オースチンの言い方に従うと，これらはすべて「依頼する」という同じ（種類の）「発話（内）の力（illocutionary force）」を持っているといえる．

これらの例のうち，(19a) は，遂行発話により明示的に依頼行為であることが示されている．また，(18) や (19b) では，疑問文や命令文という文型により，それぞれ「質問行為」，「依頼行為」であるということが比較的容易に判定できる．これに対し，(19d) や "Who are you?" という発話で抗議をする場合，それぞれの発話は疑問文の通常の働きをしていない．(19c) や (20) でも，何かを主張するといった平叙文の通常の働きはしていない．特に (20) では，聞き手は状況から (21) のような話し手の意図を推測して依頼行為であると判断すると考えられる．

(21) He wants me to turn on the lights.

このように，ある発話行為が文型から予想される発語内行為とは違った発語内行為になる場合，実質的な発語内行為（(20) の場合は依頼行為）は，**第一義的**（primary）**行為**と呼ばれ，文型に対応する発語内行為（(20) の場合は主張行為）は**二義的**（secondary）ないし文字通り（literal）の行為と呼ばれる（Searle 1979）．

(20) と違い，(19c)，(19d) などの場合は，文型から予想される発語内行為と実際の発語内行為とがかけ離れていても，かなり慣用化されており，I'd like you to …, Could you …? という形だけで，依頼行為と判断されるようになっている（Morgan 1978）．状況によっては，こうした慣用表現を使用しないと意図した発語内行為とは判断されない場合も多々ある．次の (22a) は，食卓で塩を取ってもらうときの決まり文句であるが，代わりに同じ意味の (22b) を使用しても質問行為になるだけで，依頼行為とはみなしてもらえないであろう（慣用化について詳しくは 6.6.2 を参照）．

(22) a. Can you pass the salt?
　　　b. Are you able to pass the salt?

オースチンは，(19a) のような遂行発話や (18) や (19b) のように文型から予想される発話行為の場合，発語内行為は直接的（directly）に遂行されると言った．これに対し，"Who are you?" と言って抗議する場合や，(19c)，(19d)，(20) の場

合は，文型から予想される発語内行為とは別の，あるいは，それに加えて別の，発語内行為を間接的（indirectly）に遂行していると考えられる．一般に，前者のように遂行される発語内行為は**直接発話行為**（direct speech act），後者のように遂行される発語内行為は**間接発話行為**（indirect speech act）と呼ばれる（Searle 1979）．

特に，間接発話行為は，7章で扱うポライトネスについて考える上で重要である．たとえば，客室に荷物を運び入れた後でホテルのポーターが，次のように言ってチップを催促することがある．

(23) Anything else, sir? (小島 1988)

この場合，チップをあからさまに要求することははばかられるので，文字通りには「ほかに用はないか」と質問することによって，間接的にチップを要求している．また，いわゆる修辞疑問も一種の間接発話行為と考えられる．

(24) Eve：Adam, do you love me?
　　　Adam：Who else?（＝No one else loves you.） (丸山 2002)

修辞疑問は間接的ではあるが，かえって直接的な主張より主張の力は強くなる．

5.2 発話行為の分類と条件

5.2.1 発語内行為の分類

発語内行為は，心的態度を相手に伝えるコミュニケーション的行為と慣習や規則などの**社会的規約**（conventions）に従って行われる行為の2つに大きく分けることができる．前者についてみると，まず，話し手が伝えようとする心的態度には次の4つが考えられる（Searle 1969；1979）．

(25) a. 発話内容が真であるという信念（belief）
　　　b. 発話内容の行為を聞き手に実行してもらいたいという願望（desire）
　　　c. 発話内容の行為を話し手自らが実行しようとする意志（intention）
　　　d. ある事態ないし聞き手に対する話し手の感情（feeling）

これら4つの心的態度を基準にして発語内行為を分類すると，4つに分類できる．次に示すのは，それらの行為の説明とその行為を表す動詞である（Searle 1979, Searle & Vanderveken 1985）．

①**陳述表示型**（representatives）の発語内行為： ある事柄についての意見を述

べたり，情報を伝えたりする行為のように，話し手が発話内容が真であるという信念をもち，聞き手にその信念を知らせることを目的とする行為；acknowledge, admit, announce, argue, assert, affirm, boast, claim, confess, confide, conclude, confirm, contend, deduce, deny, infer, inform, insist, maintain, note, notify, predict, report, state, …

②**行為指導型**（directives）の発話内行為： 話し手が発言内容の表す行為を聞き手に実行してもらいたいという願望，あるいは実行すべきだという判断をもち，その願望ないし判断を実現させるよう聞き手を仕向けることを発言の目的とする行為；advise, ask, command, demand, direct, forbid, order, permit, prohibit, recommend, request, require, suggest, tell, urge, warn, …

③**行為拘束型**（commissives）の発語内行為： 申し出や約束などのように，話し手が発言内容の表す行為を自ら実行しようという意志をもち，その意志を表明し，行為の実行を請け合うことを目的とする行為；accept, commit, consent, grant, offer, promise, pledge, refuse, swear, threaten, volunteer, vow, warrant, …

④**感情表明型**（expressives）の発語内行為： 発話内容の表す事柄に対し何らかの感情をもち，その感情を聞き手に表明することを発言の目的とする行為；apologize, compliment, condole, congratulate, complain, deplore, greet, praise, protest, thank, wish, welcome, …

社会的規約に従って行われる発語内行為は，主として儀式的な場面で発話内容の表す事態を「創り出す」ことを目的とする**効果生成型**（effectives）と公的な判定・評価を行う**判定宣告型**（verdictives）とがある（Bach and Harnish 1979）．
①**効果生成型**： appoint, approve, christen, declare, endorse, fire, indict, nominate, pronounce, renounce, resign, sentence, …
②**判定宣告型**： acquit, assess, call, certify, convict, grade, judge, rank, rate, rule, …

ちなみに，発語行為であることを表す動詞には say, utter, repeat, add, continue などがある．

(26) a. "This story made me think of him at once," <u>said</u> Miss Jones.
　　 b. "I felt sorry for them," he <u>added</u>.
　　 c. "…and what's more," he <u>continued</u>, "I'm not coming back."

また，発語内行為に直接結びついた発語媒介行為には次のようなものがある（Allen 1986, Searle 1998).

(27) （議論をして（argue））persuade（説得する）
   （主張をして（state））convince（確信・納得させる）
   （あることを知らせて）frighten（ぎょっとさせる）
   （おどして（threaten））intimidate（おびえさせる）
   （警告して（warn））alert（用心させる）
   （物語を語って（recount））amuse（楽しませる）

5.2.2　発語内行為の適切性条件

　発語内行為が適切に遂行されるためには一定の条件が満たされなければならない．たとえば，社会的規約に従って行われる「結婚を宣言する（pronounce）」という行為の場合，宣言する人は牧師など資格のある人でなければならない．話し手の心的態度を伝えるコミュニケーション的行為についても同様で，適切に遂行されるためには一定の条件が満たされなければならない．
　ここでは陳述表示型の行為と行為指導型の行為を例にとり，サールが提案する「**適切性条件**（felicity conditions）」がどういうものかみてみよう（Searle 1969）．まず，次の主張（assert）行為では (29) のような規則の形で示された条件が考えられる．

(28) The state is responsible for the breakdown of family life.
(29) 命題：「国家に家庭生活崩壊の責任がある」
　a. **本質条件**（essential condition）：断言を行う者は，その際に表現される命題が真であるという言質を与えることになる．
　b. **事前条件**（preparatory condition）：話し手は，表現される命題が真であることの証拠ないし理由を提出できる立場にある．
　c. **誠実性条件**（sincerity condition）：話し手は表現される命題が真であることを自分自身信じている．

こうした条件が満たされないと，(28) の発語内行為は適切な行為にはならない．例えば，話し手が命題が真であると信じていない場合には，嘘を言うことになり，適切な主張行為にはならない．
　また，(30) の依頼行為では，(31) のような条件が考えられる．

(30) Can you drive me home?
(31) 命題：「聞き手が話し手を車で家まで送る」

a. 本質条件：遂行されようとしている行為は，聞き手に家まで送らせようとしていると理解される．
   b. 事前条件：聞き手は，免許証を持っているなど当該行為を遂行できる状態にある．
   c. 誠実性条件：話し手は聞き手に当該行為をしてほしいと願っている．

(31) の条件が満たされて初めて (30) は適切な依頼行為となる．聞き手が無免許の場合は事前条件が満たされず適切な依頼行為にはならない．

5.3 コミュニケーション行為としての発語内行為

5.3.1 発語内行為の意図

　コミュニケーション行為としての発語内行為とそれによって行われる発語媒介行為は，いずれも意図的行為であるが，意図の性質が異なる．発語内行為の意図は，グライスの言う「話し手の意味」における反射的な意図である．つまり，何かを伝えようとし，さらに，「その伝えようとする意図に気付いてもらうことを意図する」行為で，聞き手がその意図に気付けばそれでその行為は達成される．このことを，謝罪行為を行って許しを得ようとした場合を例にみてみよう．

　(32) I'm sorry I forgot your birthday.

(32) の発話で，話し手は，誕生日を忘れたことに対する申しわけない気持ちを伝えようと意図するだけでなく，その意図に気付いてもらおうとする．そして，その伝えようとする意図に聞き手が気付けば，謝罪行為は成立する．この場合，伝えようとする意図に気付いてもらえるかどうかが重要で，心から申しわけなく思っているかどうかといったようなことは謝罪行為の成立には直接関係がない．心から思っていなければ，不誠実な謝罪となるだけで謝罪行為としては成立する．

　一方，謝罪を受け入れてもらおうとする発語媒介行為は，受け入れてもらいたいという意図を聞き手が察知しただけでは成功せず，不誠実とみなされれば，発語媒介行為は失敗に終わる (Back 2004)．

　次のような発話で聞き手を驚かせようとした場合でも，その発語媒介行為が成功するかどうかは，蜘蛛に対して嫌悪感をもっているかどうかによる．

　(33) There's a spider on your lap.　（Allen 1986）

つまり，蜘蛛がいるのがわかっても驚かない場合もある．また，逆に，ただ単に

5.3.2 意図の推論

遂行発話の場合は，どういう発語内行為であるかが明示されているが，間接発話行為の場合は，聞き手は，話し手が伝えようとしている心的態度を推論によって求め，それをもとにどういう発語内行為か判断する．そうした推論の仕組みや性質を明らかにするのは難しい問題であるが，多義的な解釈が可能な発話の例をもとに，聞き手が話し手の心的態度を推論するとは具体的にどういうことかみてみよう．

5.3.1 の (32) で，話し手は，"I'm sorry." という発話行為で謝罪行為を行っている．しかし，次の (34) の例で，間違いなく勝てると言っていた訴訟に負けたことに抗議するエリンに対し，エドが発した "I'm sorry." は謝罪の表明ではない．

(34) Erin：You told me things would be fine. They're not. I trusted you.
　　　Ed：<u>I'm sorry about that, I really am.</u>
　　　Erin：I don't need pity. I need a paycheck.　　　(*Erin Brockovich*)

エリンが，「哀れみ（pity）なんか要らない」と言っているように，エドの "I'm sorry." という発話は「お気の毒に」といった意味で，エリンに対し同情（sympathy）の気持ちを表明しているのである．

また，(35) の発語行為は，状況によって「恨みは忘れないから，礼をしてやるぞ」といった脅しの行為（threatening）になることもあれば，逆に，「ご恩は決して忘れません」といった意味で感謝の行為になることもある．

(35) I won't ever forget you.

次の (36) は，海軍士官養成学校の卒業式で，卒業生メイヨーが教官フォリーに祝福してもらう場面であるが，フォリーはメイヨーの意図を取り違えている．

(36) Foley：Congratulations, Ensign Mayo.
　　　Mayo：<u>I won't ever forget you, Sergeant.</u>
　　　Foley：I know.
　　　Mayo：I wouldn't have made this if it weren't for you.
　　　Foley：Get the hell outta here.
　　　Mayo：Thank you, Sergeant.　　　(*An Officer and a Gentleman*)

フォリーは，最初，メイヨーの発話行為を，「（訓練でのしごきに対する）この恨

みは絶対忘れないぞ」という脅しと解釈するのであるが，次のメイヨーの「あなたのおかげで，卒業ができただけでなく人間としても成長し文字通り 'an officer and a gentleman' になれました」という発語行為により，「あなたのご恩は決して忘れません」という感謝の発語行為であったことがわかる．

次の (37) は，弁護士リタとソーシャルワーカーのマーガレットの会話である．娘ルーシーの親権を巡って係争中のサムは，保護観察中のその娘を無断で連れ出してしまう．そこでリタがそのことを裁判に持ち出さないようにと，マーガレットにもちかけたところである．

(37)　Rita：...and if I were you, I'd look at my conscience long and hard, before I tried to use this in court.
　　　Margaret：Is that <u>a threat</u>?
　　　Rita：No! It's...<u>a plea</u>. Give him（＝Sam）a break. Just give him one goddamn break.
　　　　　　　　　　　　　　　　　　　　　　　　　　　　　　　　　　　(*I Am Sam*)

リタの最初の発語行為について，マーガレットは，今回のことを裁判で使うと何か危害を加えられるのではないかと感じて「脅しなのか」と問いただす．それに対し，リタは，「それは懇願なのだ」と答えている．ここで，マーガレットは，リタが脅しという発語内行為によって「無断連れ出しを裁判で使うことをやめさせようとする」発語媒介行為を行っていると解釈している．一方，リタの方は，その発語媒介行為は，脅しではなく，「裁判で使うことを絶対やめて欲しい」という懇願行為によって行おうとしているのだと説明している．つまり，「やめさせようとする」発語媒介行為において脅しと懇願とはつながっており，そのことにより，リタの発語行為は 2 つの異なった発語内行為として両義的に解釈できるのである．

5.4　発話行為を修飾する表現と発話行為の多重性

4.1.4 でもみたが，英語には，次の例の副詞（句）のように，一見，文を修飾しているようだが，実際には，後続する発語内行為を修飾している副詞表現がある．

(38)　a. Rita, to Sam：Mr. Dawson, <u>quite bluntly</u>, you can't afford to hire me.
　　　　　　　　　　　　　　　　　　　　　　　　　　　　　　　　　　　(*I Am Sam*)
　　　b. Now I hear he's a dirty old man too, well, I'm not at all surprised, and quite

5.4 発話行為を修飾する表現と発話行為の多重性

between these four walls, I don't give a damn.

(T. Rattigan, *Table Number Seven*)

また，(39) の条件節は，後続の主節の発話による発語内行為を修飾している．

(39) a. And <u>if you're a Lakers fan</u>, we have a fabulous box at the Forum.　(*The Firm*)
　　 b. Oh, waiter. I will be expecting some people. <u>If anybody asks for me</u>, I will be right here.　(*Casablanca*)

これらの条件節はそれぞれ"I offer you…"や"I ask you to tell…"といった発語内行為を修飾しているが，特に，その意味内容は，そうした発語内行為の適切性条件に言及している．(39a) では，提供行為の事前条件，(39b) では，依頼行為の誠実性条件になっている．

一方，(40) のような副詞表現が言語表現に言及している例では，発語内行為ではなく，それぞれ"descended", "postmodern", "elevator"という発話行為の一部分が修飾されていると考えられる（Huddleston & Pullum 2002）．

(40) a. <u>Metaphorically (speaking)</u>, French is descended from Latin.
　　 b. <u>To use a fashionable term</u>, their décor looks postmodern.
　　 c. You may take the 'elevator', <u>as you are American</u>.

4.1.4 でみたように，こうした発話を修飾する副詞表現を含む発話では，修飾されている発話行為と，その発話行為を修飾する副詞表現による発話行為の 2 つが平行して遂行されている．たとえば，(39b) では，(41) のような 2 つの発話行為が平行して行われていると考えられる．

(41) a. I tell you that I will be right here.
　　 b. If anybody asks for me, tell him that I will be right here.

また，次の例では，修飾と被修飾という関係ではないが，見かけの行為に加えて別の行為が暗示的に行われている．

(42) a. 鳴くよウグイス平安京
　　 b. Your principal is your PAL.　　　　　　　　　　　　(友清 2001)

(42a) では，[nakuyo] という 1 つの音声行為において，「鳴くよ」という発語行為に加えて「七九四」という発語行為が遂行されている．(42b) では，「校長は友だちだ」という主張行為が遂行されているが，[pæl] という音声行為のところで，「「校長」という意味の語の綴りは princip<u>le</u> ではなく princip<u>al</u> だ」と気付かせる (remind) 発語内行為が同時並行的に遂行されている．

より深く勉強したい人のために

山梨（1986），久保（2001），Allan（1986, Ch.8）など，言語学者の書いたものが比較的読みやすい．まずこれらを読み，野本・山田（2002）第III部を参照しながら Austin（1962），Searle（1969），Vanderveken（1990）を読んでいくのがよいであろう．

演習問題

1. 次の2つの文の違いについて考えなさい．
   (a) I open the meeting.
   (b) I open the door. (Vanderveken 1990)
2. "I intend to go." というときの動詞 intend（意図する）は遂行動詞ではない．それはなぜか答えなさい．
3. 下線部は適切性の条件について言及している発話修飾表現の例である（Huddleston and Pullum 2002）．主節の発話は，それぞれどのような発語内行為と考えられるか．また，下線部はそれぞれどの条件について言及しているか．
   (a) It's going to be a hard winter, <u>because the storks are migrating early</u>.
   (b) Is Irene still in Rome, <u>because I've not heard from her since August</u>?
   (c) <u>Since you're so clever</u>, what's the square root of 58,564?
4. 次のような発話はどのような発語内行為と解釈されるであろうか．
   (a) You will be sweet and help me, won't you?
   (b) You may want to rethink your decision.
   (c) The gun is pointed at you, Mac.
   (d) We'll come up with a promotion for you. You have my word.
   (e) Rental Agent: Okay, Mr. McDeere, if you'll sign where the X is and initial where it's marked. (*The Firm*)
5. 次は俵万智の短歌とその英訳である．後の問いに答えなさい．

   「おまえおれに言いたいことがあるだろう」
   決めつけられて
   そんな気がする

   "I feel there's something
     that you want to say to me,"
   in that certain tone.
   So now I have a feeling
   that, yes, there must be something. (俵・スタム 1989)

(ⅰ) 英訳の1行目のⅠと4行目のⅠはそれぞれ誰を指しているか.
(ⅱ) 引用符「 」,"" で示された発語行為はどういう発語内行為と解釈されているか.
(ⅲ) 最終的に,発語媒介行為としてどのようなことが達成されたと言っているか.

6. for NP's sake（NPは,神とか聖人の名前）という慣用句は,一般に,発語内行為を強める働きをする.

次の (a) は,玄関のベルが鳴ったので,下着姿のスパイクに「出てくれ」と言う場面であるが,下線部はどういう発語内行為を強めているか. また,日本語に訳すとすれば,どういう日本語が適切か考えなさい.

(a) William：Spike, see who that is…and put some clothes on for God's sake.
(*Notting Hill*)

また,(b) の下線部はどういう発語内行為を強めているか. また,日本語訳はどうか.

(b) Erin：I don't know what happened to me. I mean…God, I was Miss Wichita, for Christ's sake. Did I tell you?
(*Erin Brockovich*)

第6章 ポライトネス

村田和代

　ポライトネス（politeness）と聞けば，まずそこから連想されるのは「敬語」や「礼儀正しさ」といった言葉だろう．しかし，語用論で扱うポライトネスは，もっと広い概念を指し，「調和のとれた人間関係を築き，衝突を避けるためのことばの使い分け」のことをいう．たとえば，先生に何かを頼む場合には，命令形は使わずに，間接的な表現を使うだろう．また，母親に小遣いをねだる時にも，ストレートな表現を避け，できるだけ間接的な言い回しを選ぶだろう．こういった間接的な表現だけでなく，ファーストネームで呼んだり，親しい先輩には敬語をあえて使わないといったような相手に親しみを表すようなことばの使い分けも「ポライトネス」に含まれるのである．さらに，ポライトネスには，表現形式や語彙の使い分け（＝どのように言うか）だけでなく，発話内容の選択（＝何を言うか）も含まれるという点も留意したい．このように，ポライトネスは，「ていねい」や「礼儀正しい」と同義ではないので，「ていねい」や「礼儀正しい」という言葉を避け「ポライト」という表現を使用する．

6.1 ブラウンとレヴィンソンのポライトネス理論

6.1.1 理論の概要

　語用論的観点から初めてポライトネスを体系的にとらえようとしたのが，レイコフ（Lakoff 1973）である．また，リーチ（Leech 1983）も，会話の原則だけでは不十分であるとして**ポライトネスの原則**（Politeness Principle）を提唱した．しかし，ポライトネス研究に最も影響を与えた総括的な理論は，ブラウンとレビンソン（Brown & Levinson 1987）であるので，以下では，この2人の理論をもとにポライトネスについて解説する．

　ブラウンとレヴィンソンのポライトネス理論（以下，単にポライトネス理論と言う）では，**フェイス**（face）をポライトネスの鍵概念と考える．フェイスとは，社会の成員であれば誰でもがもつ社会的自己像（the public self-image that every member wants to claim for himself) で，コミュニケーションの場において，お互いに協力してフェイスを維持しようとするものであると想定する（「フェイス」は，「自尊心（self-esteem）」といった意味に近く（Huang 2007），「面子」や「対面」と訳される場合もあるが，普遍的概念であると定義されており，文化固有の概念と必ずしもイコールではないので，通常は「フェイス」という語が用いられる）．円滑な人間関係を維持するためには，お互いに相手のフェイスを脅かすような行為 FTA（face threatening act）を避けようとする．これがポライトネスで，人間の行動において普遍的であると考える．

フェイスは言い換えると対人関係上の基本的な欲求であり，2つの相反する側面があると考える．1つは，他者に立ち入られたくない，自分の行動を妨げられたくない，といったような「他者と距離を置きたい」という欲求である**ネガティブ・フェイス**（negative face）で，もう1つは，誰かに理解されたい，仲間として認められたいといった「他者との距離を縮めたい」という欲求である**ポジティブ・フェイス**（positive face）である．言語活動の多くはこのフェイスを多かれ少なかれ脅かす行為，つまり，FTAであり，コミュニケーションにおけるポライトネスとは，お互いのフェイスを保つためにとる**言語ストラテジー**（linguistic strategies）である．一般に，ストラテジーとは，通常何らかの目的を達成するための「方略」や「方策」のことを指すが，ここでいう（言語）ストラテジーとは，話者が相手のフェイスを脅かさないよう配慮し，フェイス侵害を軽減する（redress）ために用いる意識的・無意識的なことばの使い分けのことをいう．

ブラウンとレヴィンソンのポライトネス理論では，ネガティブ・フェイス，ポジティブ・フェイスという2つの欲求（フェイス）は人類に普遍的であるとする一方，ある言語行動がどの程度フェイスを脅かすのかという点や，フェイスを配慮するために使用する言語ストラテジーは，各言語や文化によって異なるとしている．

ポライトネス理論では，FTAとなる言葉行動 x のフェイスを脅かす大きさ W（weightiness）は，次の3つの要因によって決まると考える．

(1)　① S（話し手）と H（聞き手）の社会的距離 D（distance）
　　② S と H の力関係 P（power）
　　③ 特定の文化におけるある言語行動の負担度 R（ranking of imposition）

そしてこれら3つの要因によって決まる値の合計がフェイス侵害度 W_x となる．

(2)　$Wx = D(S, H) + P(S, H) + Rx$

ここで，$D(S, H)$ は話し手 S と聞き手 H の社会的距離 D（distance）を評価する値，$P(S, H)$ は聞き手 H が話し手 S に対してもつ力・パワー P（power）を評価する値，Rx はある言語行動 x が特定の文化において聞き手にかける負担度 Rx（ranking）である．

話し手は，このように査定した言語行動のフェイス侵害度のレベルに応じたストラテジーを，(3) の5段階のストラテジーの中から選択すると考える．

(3)　ポライトネス・ストラテジー（politeness strategies）
　［1］フェイス侵害を軽減する措置を取らずあからさまに言う（Bald on record）
　［2］ポジティブ・フェイスに配慮した言い方をする（Positive politeness）
　［3］ネガティブ・フェイスに配慮した言い方をする（Negative politeness）
　［4］言外にほのめかす（Off-record）
　［5］フェイスを脅かす言語行動を起こさない（Don't do the FTA.）
　（以下，これらのストラテジーを［1］，［2］，［3］，［4］，［5］と表記する．）

話し手は，これから行おうとする言語行動が相手のフェイスを脅かす度合いが高いほど，番号が大きいストラテジーを選択すると考えられる．

(3) の5段階のストラテジーは，選択可能なストラテジー全体の中で，それぞれ図1のように位置付けられる．

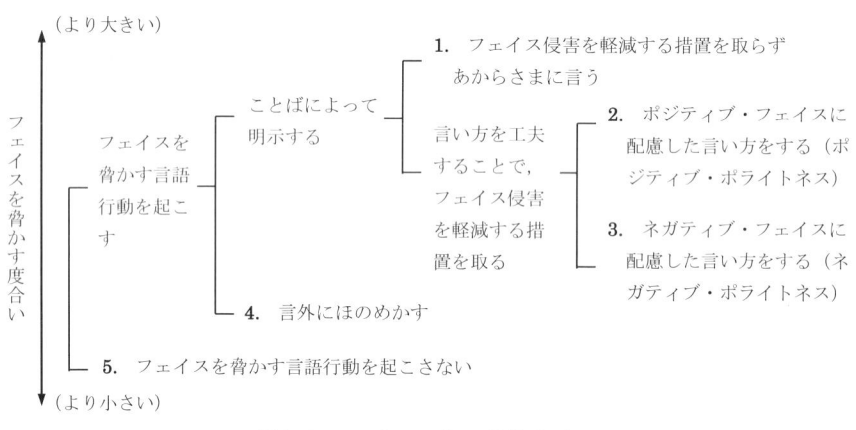

図1　5つのストラテジーの選択プロセス

まず，フェイスを脅かす程度によって，その言語行動を起こすかどうかを選択す

る．行動を起こす場合（Do the FTA）は，ことばによって明示する（on record）か，あるいは，言外にほのめかす（off record）かのいずれかを選ぶ．ことばによって明示する（on record）場合にも，フェイスを侵害する度合いによって3つのストラテジーがある．

　[1]から[5]のストラテジーについて簡単に説明しよう．フェイスを脅かすレベルが低い場合やフェイス侵害を軽減する必要がない場合は，緩和するための言語ストラテジーを使用せずに，「**あからさまに言う**」というストラテジー[1]が選択される．一方，行おうとする言語行動がフェイスを脅かすため，それを緩和する必要があれば，相手に好意や親しみを示して近づこうとするような言い方をする「**ポジティブ・ポライトネス**」[2]，逆に，相手と距離を置くような言い方をする「**ネガティブ・ポライトネス**」[3]，その行為を行っていないことにできる「**言外にほのめかす**」[4]といったストラテジーを選択する．さらにフェイスを脅かす度合いが大きい場合には，その言語行動を行わないという選択[5]もある．

　ポジティブ・ポライトネスとネガティブ・ポライトネスについては，次節で実例をあげながら詳しく解説するので，ここでは，それ以外のストラテジーについて簡単に説明する．

　[1]の「あからさまに言う」ストラテジーは，フェイスを軽減する必要がない場合に選択される．このストラテジーは，グライスの会話の公準を遵守した話し方として取り扱うことができる．依頼表現を例に考えてみよう．たとえば，友人と食事をしていて，テーブルの塩を取ってほしいときには，"Could you possibly pass me the salt, please?"といった言い方ではなく"Pass me the salt"とストレートに言うだろう．友人とは親しい間柄だし，ましてや友人の近くにある塩を取ってこちらに回すという行為は，友人に負担をかけるような行為ではない．こういったFTAの程度が低い場合には，あからさまに（単刀直入に）言うといったストラテジーが使われる．これ以外に，コミュニケーションを最も効率的に行う必要がある際にも使われる．たとえば，重大な緊急事態では，"Could you possibly help me?"や"Please help me if you would be so kind"といったような回りくどい表現を使うのではなく，"Help!"とストレートに言う．さらに，(4)のような聞き手の利益となるような行為を指示する提供（offer）の発話行為を遂行する場合や，発話の焦点がその場の作業（task）に向けられている場合にも，あからさまに言うストラテジーが選ばれる．

(4) a.（パーティーでホストが招待客に）Have another sandwich.
　　b.（道案内で）Go straight and turn left.
　　c.（自動食器洗い機の取扱説明書）Press the button to start the machine.

［4］の「言外にほのめかす」ストラテジーについて考えてみよう．たとえば，仕事から帰って休む間もなく夕ご飯の買い物に行く母親に対して，お菓子を買ってきてもらいたいときに，あからさまに「お母さん，お菓子買ってきて」と言えば，「仕事で疲れてるのに，夕ご飯のために買い物に行くのよ．自分で買ってきなさい」と怒られることになるかもしれない．それで，たとえば，「これから買い物に行くの？　えーっと，冷蔵庫に甘いもの切れてるみたいなんだけど」と，依頼しているという意図を伏せて言外にほのめかし，母親がその意図を推測するように仕向けるというストラテジーを選択するだろう．

「言外にほのめかす」ストラテジーは，1章で見たアコモデーションや2章の含意の多く，たとえば，アイロニー，トートロジーなどが含まれる．さらに，(5)の例のように，漠然とした表現や一般的な表現を用いて聞き手に言及する手法も含まれる．

(5) a. Fiona, to Will : Well, I was just wondering why a single, childless man (= you) would want to hang out with a twelve-year-old boy every day.
(*About a Boy*)
　　b. Erin, to Ed：...Isn't it funny how some people go out of their way to help people and others (= you) just fire them?　　　　　　　　(*Erin Brockovich*)

最後に，［5］の「フェイスを脅かす言語行動を起こさない」ストラテジーの例をあげる．職場の上司に愛車を借りたいと思ったとしても，フェイスを脅かす負担度があまりに大きそうなので，借りること自体を断念して言わないといった場合がこれにあたる．

6.1.2　言語ストラテジー：ポジティブ・ポライトネスとネガティブ・ポライトネス

話し手がさまざまなポライトネス・ストラテジーを選択する目的は，聞き手の対人関係上の基本的欲求（フェイス）に配慮していることをことばで表すことで，対人関係を構築しそれを維持していくことにある．5つのストラテジーの中で，ポジティブ・ポライトネス・ストラテジーと，ネガティブ・ポライトネス・ストラ

テジーは，言語使用を駆使してフェイス侵害の軽減行為を行うという点で，ポライトネスの中心的なストラテジーといえる．

a. ポジティブ・ポライトネス・ストラテジー

誰かに理解されたい，仲間として認められたいといった「他者との距離を縮めたい」というポジティブ・フェイスに配慮した言語ストラテジーが，ポジティブ・ポライトネス・ストラテジーである．日本語の「敬語」という概念からすると，相手に好意や親しみを示すのをポライトであると考えるのは難しいかもしれない．しかし，日常のコミュニケーションをふりかえると，ポジティブ・ポライトネス・ストラテジーが頻繁に使われ，円滑な対人関係を構築したり維持したりするのに役立っている．たとえば，アルバイト先の仲のいい先輩には，よそよそしくならないようにあえて敬語を使わないということがあるだろう．また，友達との普段の会話の中で，相手の話を聞いていることを示すために，あいづちをうっているし，相手の言ったことに共感したり，相手を褒めたりすることもよくあることだろう．こういった例がポジティブ・ポライトネスに相当するのである．

ここで重要なことは，ポジティブ・ポライトネスは，親しい間柄の会話の中にみられる言語表現と類似しているものの，親しいもの同士以外の会話でもポジティブ・ポライトネスとして機能するという点である．ポジティブ・ポライトネス・ストラテジーは，仲間であること，相手と自分は共有している何かがあるということを明示的にことばで表す場合が多く，共感や連帯を表すポライトネスといえる．

ポジティブ・ポライトネスとして次の15種類のストラテジーがあげられている．

(6) ポジティブ・ポライトネス・ストラテジー
 [P1] 聞き手H（の関心,望み,要求,利益）に注目していることを伝える（Notice, attend to H (his interests, wants, needs, goods)）
 [P2] 聞き手Hへの興味,同情,是認といった発話を誇張する（Exaggerate (interest, approval, sympathy with H)）
 [P3] 聞き手Hへの関心を強める（Intensify interest to H）
 [P4] 仲間内のことばを使用する（Use in-group identity markers）
 [P5] 同意点を探る（Seek agreement）
 [P6] 不同意・不一致を避ける（Avoid disagreement）

［P7］同じ立場であることを前提とする／高める／主張する（Presupposition／raise／assert common ground）
［P8］冗談を言う（Joke）
［P9］聞き手Hの要求を理解し関心をもっていることを伝える／前提とする（Assert or presuppose S's knowledge of and concern for H's wants）
［P10］申し出や約束をする（Offer, promise）
［P11］楽観的になる（Be optimistic）
［P12］話し手Sと聞き手Hの両方が含まれるような表現を使う（Include both S and H in the activity）
［P13］FTAを行う理由を与える／求める（Give (or ask for) reasons）
［P14］お互い協力関係にあることを想定する（Assume or assert reciprocity）
［P15］聞き手Hに贈り物（役に立つこと，共感，理解，協力）を与える（Give gifts to H (goods, sympathy, understanding, cooperation)）
（以下，各ポジティブ・ポライトネス・ストラテジーを［P1］，［P2］，［P3］，…と表記する）

15のストラテジーからいくつかのストラテジーについて，具体例をあげて説明しよう．まず，［P1］は，聞き手の状態に注目していることを伝えるストラテジーである．たとえば，次のような例がこれにあたる．

(7) （ショートカットにしたアンを見て驚いたふりをする）
　　Joe：Well, it's you!
　　Ann：Yes, Mr. Bradley.
　　Joe：Or is it [someone else]?（＝別人みたいだ）
　　Ann：Do you like it?
　　Joe：Very much.　　　　　　　　　　　　　　　　　　　(*Roman Holiday*)

ここで，アンは生まれて初めて髪を短くし，それに気づいて認めてもらいたいと思っていて，それに気付いたジョーは，言葉に出して応えている．

　［P3］の聞き手への関心を強めるストラテジーとしては，過去のことを現在形で表すという視点の操作（point-of-view operation）を行って生き生きと描写し（vivid presentと呼ばれる），聞き手を話題の中に引き込む例があげられる．

(8) Will, to Sean：You know, I was on this plane once. And I'm sitting there and uh, the captain gets on, he does his whole, you know, we'll be cruisin' at 35,000 feet. But then he puts the mike down and forgets to turn it off.

(*Good Will Hunting*)

聞き手と仲間であるということを明示的に示しているのが，[P4] の「仲間内のことばを使用する」ストラテジーである．仲間内のことばを使用することによって，聞き手と共通の基盤に立っていることを示す．これには，呼称・グループ内言語やスラングが含まれる（詳しくは7章を参照）．

(9) a. Come here, mate／honey／buddy.
　　b. Bring me your dirty clothes to wash, honey／daring／Johnny.

(Brown & Levinson 1987)

(9a) で話し手は親しさを強調するような呼称を使用することで，聞き手との距離を縮めて，権力のある者からない者への命令ではないことを示唆し，命令形のニュアンスを和らげようとしている．また (9b) を子供に使用すれば，親しさをもった呼称の使用により命令ではなく依頼になる．このほか，共通語から方言にコード・スイッチするのもこのストラテジーである．たとえば，同郷の友人と大学でばったり会った時，なつかしさや親しみを感じて方言で話すだろうし，全国放送のニュースでは標準語を話している地方自治体の首長が，住民に向けて語りかけるときに方言を使うといったシーンもよく見かける．

聞き手と共通基盤があるということを言葉で表すことは，ポジティブ・ポライトネスの大きな特徴である．相手に共感を示したり，不一致を避けるといったストラテジーがこれにあたる．[P5] の「同意点を探る」というストラテジーの例としてスモール・トーク（雑談）があげられる．(10) にみられるようなスモール・トークでは，天気やそのときのニュースなど，相手が同意しやすいトピック（rapport-inspiring topics）が選ばれる．

(10) （バスが来るのを待っているとき，同じように待っている人に）
　　「今日は格別暑いですね．」

[P6] の「不一致を避ける」ストラテジーは，不同意であることをストレートに表現することを避けるために，さまざまな表現を使用する．たとえば，不同意の前置きの同意（token agreement）や，相手に賛成はしていないのに口では同意をしているふりをするといったような，罪のないうそ（white lies），あるいは，口調を和らげる**緩和表現**（hedge）等がこれにあたる．

(11) 　A：We should be allowed to drive to school. What do you think?
　　　B：I understand your point, but my idea is a little different.

(11) では，相手の言っていることを理解できると，いったん前置きしてから，意見が異なるということを相手に伝えている．さらに，a little といった口調を和らげる緩和表現を用いて，さらに配慮を表している．

聞き手と知識を共有していることを確かめることで，聞き手と共通基盤があることを示すのが [P7] である．たとえば，聞き手の視点に立った言語表現（形式）として，付加疑問や，you know のような談話標識（discourse marker）を使用することで，話し手は，聞き手もその知識を共有していることを表すことができる．go のかわりに come を使うというのも聞き手の視点に合わせていることを伝えるストラテジーである．さらに，ある情報を話し手聞き手の双方が知っていることを前提とするような言語形式を使用するという例もある．たとえば，提供する際に否定疑問文を用いる場合がこれにあたる．

(12) a. <u>Wouldn't you</u> like a drink? (Brown & Levinson 1987)
　　 b. <u>Don't you</u> want some dinner now? (Brown & Levinson 1987)

(12a) では聞き手が飲み物が欲しいことを，(12b) では聞き手が食べ物（夕食）が欲しいことを，話し手はわかっていて，双方にとって共通の情報であることを前提とするために，答えに"yes"を期待する否定疑問文が使用されるのである．日本語でも，話し手聞き手が共通知識をもっていることを表すマーカーが見られる．終助詞「ね」や「の」がこれにあたり，これらの終助詞は，話し手にとって既知の情報を，あたかも話し手と聞き手の両方がともに知っている，共有している情報であるかのようにするためのものであり，話し手と聞き手の連帯感を作り出すことができる（水谷 1985，東 1997）．

冗談を理解するためには共通の基盤に立っていることが前提となるので，[P8] の「冗談を言う」もポジティブ・ポライトネス・ストラテジーである．

(13) （最近知り合った男フランクと女モリーがレストランで食事をし，フランクがひとしきりしゃべった後自分ばかりしゃべるのではなくモリーもしゃべるようにと勧める場面）
　　 Frank：All right, I'm talkin' too much.
　　 Molly：No, you're not.
　　 Frank：Well, at least I'm talking. You're just sitting there.
　　 Molly：It's true.
　　 Frank：Okay, I'll shut up, you talk.

Molly：Okay. Well, whatta ya want to know?
Frank：How much do you weigh?　　　　　　　　　(*Falling in Love*)

ここでフランクは，「体重を尋ねる」というFTAを意図的に冗談として言うことにより，モリーとの心的距離を縮めようとしている．

(14) は，依頼をするというFTAに冗談が用いられている例である．

(14) How about lending me this old heap of junk? (H's new Cadillac)

(Brown & Levinson 1987)

非常に大きな願いごとをする際に，話し手が冗談をまじえることで，「あなた（聞き手）とは近い間柄（intimacy）である（実際にはそうでなくてもそのふりができる）からそのお願いはあなたにとってそんなに大変ではない」とほのめかし，聞き手に課す負担を軽減しようとするのである．たとえば，このようなFTAの軽減の際のユーモア，言い換えれば緊張緩和の機能をもつユーモアは英語によくみられる（Murata 2011）．

15種類のストラテジーは，各々独立しているというよりも，重なっている部分が多い．特に，[P15] の「聞き手に贈り物をする」というストラテジーはこれまでに紹介したストラテジーと重なる部分が多い．ここでいう贈り物とは，有形の贈り物ではなく，ことばの贈り物で，聞き手のことを好んでいる，賞賛している，気遣っている，理解している，話を聞いているといったことを言葉に表すことであるが，これらは，他のストラテジーと重なり合う．

b. ネガティブ・ポライトネス・ストラテジー

ネガティブ・ポライトネス・ストラテジーは，相手のネガティブ・フェイス，すなわち行動の自由を邪魔されたくない，意志を侵害されたくないという欲求（フェイス）に配慮した言語ストラテジーで，相手と距離を置くような言い方をする．敬語が体系化している日本語では，ネガティブ・ポライトネスの方が理解しやすいであろう．

ネガティブ・ポライトネスには全部で10種類のストラテジーがある．

(15)　ネガティブ・ポライトネス・ストラテジー
　　[N1] 慣習的な間接表現を用いる（Be conventionally indirect）
　　[N2] 疑問文や緩和表現を用いる（Question, hedge）
　　[N3] 悲観的に言う（Be pessimistic）
　　[N4] 負担を軽減する（Minimize the imposition, Rx）

［N5］敬意を表す（Give deference）
［N6］謝罪する（Apologize）
［N7］人称を避ける（Impersonalize S and H）
［N8］FTAとなる行為を一般的なルールとして伝える（State the FTA as a general rule）
［N9］名詞化する（Nominalize）
［N10］（相手に対し）自分が借りを負うこと，（相手に）借りを負わせていないことを明示する（Go on record as incurring a debt, or as not indebting H）
（以下，各ネガティブ・ポライトネス・ストラテジーを［N1］，［N2］，［N3］，…と表記する）

　［N1］の「慣習的な間接表現を用いる」というストラテジーについては，6.2節のポライトネスと間接発話行為で詳しく説明するとして，以下，実例もあげながら他のストラテジーのいくつかについてみていこう．
　［N2］の「疑問文や緩和表現を用いる」は，［N1］のストラテジーとも関連している．疑問文や緩和表現を使用することにより，これから行ってもらおうとする行為を，聞き手はしたがっていないだろうと想定している（したがっているとは思っていない）と伝えることができる．そうすることにより，たとえば，(16) のように，聞き手への強制力を弱めることができる．

(16) a. <u>Won't you</u> close the window?
　　　b. Would you close the window, <u>if I may ask you／if you don't mind</u>?

（Brown & Levinson 1987）

また，緩和表現には発話内効力を和らげる機能があるので，(17) のように発話中に挿入したり付加したりして，聞き手のフェイスを脅かす度合いを弱めることができる．

(17) a. <u>I hate to have to say this</u>, but he didn't come.（悪い知らせを伝える）
　　　b. <u>I think perhaps</u> you should come to the office <u>a little</u> earlier.（助言）
　　　c. Could you copy this document, <u>if you can</u>?（依頼）
　　　d. <u>In my personal opinion</u>, there is something more important.（陳述）

(17a) では，相手にとって悪い知らせを伝えなければならないときに，「言いたくないのですが」といった前置きを用いて和らげている．(17b) では，相手に助言する際に，「思う（I think）」や「たぶん（perhaps）」といった緩和表現で断定を避け，「ちょっと（a little）」でさらに程度を和らげている．(17c) では，「もし可

能であれば（if you can）」と付加することで依頼の強制力を和らげている．(17d) では，「あくまでも個人的意見だが（in my personal opinion）」と，客観性から遠ざけることで断定を和らげている．

　［N3］の「悲観的に言う」というストラテジーも，［N1］のストラテジーと関連している．これは，話し手が，聞き手は話し手の期待に添わない行動をとるのではないかといった悲観的な表現を用いることで，聞き手が拒否しやすいよう配慮を示すものである．

　(18)　You couldn't possibly／by any chance lend me your lawnmower.

(Brown & Levinson 1987)

(18) のように，直接的な命令ではなく，否定形にしたり，仮定法を用いたり，可能性の低さを示すような表現を入れたりする．

　［N5］の「敬意を表す」というストラテジーは，日本語の敬語が典型例で，日本語母語話者にとって最も身近なストラテジーであろう．敬意を表す方法としては，話し手を聞き手よりも低い位置に置く，あるいは聞き手を話し手よりも高い位置に置くという2つの方法がある．英語では，たとえば sir（男性に対し）／ma'am（女性に対し）の使用がこのストラテジーにあたる．

　話し手が聞き手のネガティブ・フェイスを侵害したくないということを明示的にことばで表すのが，ストラテジー［N6］，［N7］，［N8］である．

　［N6］の「謝罪する」は，FTA を行うことに対して悪いと思う気持ちを伝えることで，話し手が望んでやっていることではないということを明示し，それによって話し手のネガティブ・フェイスに配慮していることを伝えるというストラテジーである．これには，フェイスの侵害を認めていることを伝える場合，FTA を行うことへのためらいを示す場合，FTA を行うやむを得ない理由があることを伝える場合，聞き手の許しを求める場合等が含まれる．

　(19)　a. I'm sorry to bother you, but could you possibly come over and help me with preparing for the party?
　　　　b. Tommy：Would you like to go to the movie tonight?
　　　　　 Emily：I'm sorry, but I have another appointment.

(19a) では，手伝ってもらうことが申しわけないという話し手の謝罪のことばが依頼の前に付加されることで，ポライトに依頼することができる．日本語でも，「お忙しいところお手数をおかけしますが，…」「ご迷惑をおかけして申しわけあ

りませんが…」といった表現はよく使用される．

　[N7] の「人称を避ける」というストラテジーは，聞き手のフェイスを脅かすことを話し手は望んでいないということを示すために，話し手を指す一人称や聞き手を指す二人称，の使用を避けることである．それにより，FTA の行為者を話し手ではないかのように表現したり，FTA の受け手が聞き手ではないかのように表現することができる．これには，(20)，(21b)，(22b)，(23b) のような非人称構文や受動態の使用，不定代名詞の使用が含まれる．

　(20)　It is necessary that … ／It appears that …　　　　(Brown & Levinson 1987)
　(21)　a. You broke the vase.
　　　　b. The vase broke.
　(22)　a. You finished the biscuits in this box.
　　　　b. Someone finished the biscuits in this box.
　(23)　a. You should have sent further information to us.
　　　　b. Further information should have been sent to us.

聞き手の人称である you の使用を避けた (21b)，(22b)，(23b) の方がポライトである．

　次の電車のアナウンスでは，(24a) だと話し手が動作主であると解釈されてしまうが，(24b) ではそのようなことがないのでポライトに聞こえる．

　(24)　a. お急ぎください．(私が) ドアを閉めます．
　　　　b. お急ぎください．ドアが閉まります．

　過去時制を用いて視点を移すことにより，話し手を FTA から遠ざけることができる．(25) のようにそうした操作をすると，非人称にした場合と同じような効果が生まれる．

　(25)　a. I was wondering whether you could do me a little favour.
　　　　　　　　　　　　　　　　　　　　　　　　(Brown & Levinson 1987)
　　　　b. Erin：Uh...what did you say your name was?
　　　　　　Charles：Charles Embry.　　　　　　　　　(Erin Brockovich)

(25b) では，過去時制に加えて伝達話法が使われており，さらに侵害度が軽減される．

　[N8] の「FTA となる行為を一般的なルールとして伝える」は，これから行う FTA は，話し手の意図というよりも，やむを得ない状況や理由，義務で行わざる

を得ないと伝えるストラテジーで，(26b) や (27b) がこれにあたる．

(26) a. You will please refrain from flushing toilets on the train.
　　　b. Passengers will please refrain from flushing toilets on the train.

(27) a. I am going to spray you with DDT to follow international regulations.
　　　b. International regulations require that the fuselage be sprayed with DDT.

(Brown & Levinson 1987)

[N10] の「(相手に対し) 自分が借りを負うこと，(相手に) 借りを負わせていないことを明示する」というストラテジーは，依頼や申し出行為に適応される場合が多い．話し手が依頼をするときには，(28) のように聞き手に対し借りができるということをことばで明示する．

(28) a. I'd be eternally grateful if you would …
　　　b. I'll never be able to repay you if you …　　(Brown & Levinson 1987)

申し出の場合には，(27) のように聞き手側には借りが発生しないということを伝える．

(29) a. I could easily do it for you.
　　　b. It wouldn't be any trouble; I have to go right by there anyway.

(Brown & Levinson 1987)

6.2　ポライトネスと間接発話行為　　　　　　　　　　　　　[塩田英子]

6.2.1　ストラテジーとしての間接発話行為

　多くの間接的表現と同じく，間接発話行為も聞き手のフェイスを守る働きをする．このことから，間接発話行為はポライトネス・ストラテジーの1つであると考えられる．慣習的な間接表現の使用は，ネガティブ・ポライトネス・ストラテジーの1つ [N1] にあげられているが，必ずしもいつもネガティブ・ポライトネスに働くわけではなく，ポジティブ・ポライトネス・ストラテジーとして用いられる場合もある．たとえば (30) のように，学生Xからの提案を学生Yが拒否する場面を考えてみよう．ここで学生Yは "No, I don't want to." と直接的に拒否して相手のポジティブ・フェイスを脅かすのではなく，「試験勉強をしなければならない」と伝えることで間接的に学生Xの誘いを拒否してポジティブ・フェイスの侵害を軽減している．

(30)　Student X：Let's go to the movies tonight.
　　　　Student Y：I have to study for an exam.　　　　　　　(Searle 1979)

ここで学生Yは字義通りには「試験勉強をしなければならない」と「主張」する発話行為を行っている．しかし学生Yは「主張」の発話行為を行うことで，誘いに対する「断り」という間接発話行為をも行っているのである．

こういった間接発話行為には，慣用的（idiomatic）なものが多くある（Searle 1979）．たとえば，依頼行為について考えてみよう．(31)のように，相手に依頼した行為を行う能力があるかどうかを問う形式が英語では慣用化している（Brown & Levinson 1987）．

(31)　a. Can you lend me the book?
　　　 b. Could you possibly lend me the book [please]?

(31b)が示すように，仮定法やpossibly（できれば），please（どうか）などの表現を用いると，相手にかける負担（ネガティブ・フェイスを脅かす可能性）を軽減することができる．また，平叙文で依頼の発話行為を試みる場合は，否定表現を含む仮定法で表現し，付加疑問文にする（Brown & Levinson 1987）．

(32)　You couldn't [possibly] lend me the book [please], [could you]?
　　　（肯定の平叙文 You can pass the salt. は命令口調で指示する行為になる）

このような慣用性の程度は，言語や地域によって違う．たとえば，(31a)に対応する日本語の「本を貸すことはできますか？」は英語のように慣用化していない．また，(33)に示すように，イギリス英語では，アメリカ英語より頻繁に依頼表現として付加疑問を用いるという特徴がみられる．

(33)　Spike（イギリス人）：Hi, you couldn't help me with an incredibly important
　　　　　　decision, could you?　　　　　　　　　　　　　　　(Notting Hill)

(32)や(33)のような間接的依頼行為は慣用化しているので，形式的な特徴から直ちに依頼行為であるとわかる．

慣用的な間接発話行為は，「慣習的な間接表現を用いる」ストラテジー［N1］として用いられる．このストラテジーは，ネガティブ・ポライトネス・ストラテジーでありながらも，「はっきりとわかるように行為を遂行せよ」というコミュニケーションの効率性からの要請を満たす，「あからさまに言う」ストラテジーでもある．つまり，慣用的な間接発話行為は，慣用的間接性（conventional indirectness）を備えた行為で，あることをそのまま伝えたいという思いと，聞き手のネガティ

ブ・フェイスに配慮したいという相反する欲求を妥協させた発話行為であるといえる（Brown & Levinson 1987）．

6.2.2　発話行為とポライトネス

(34), (35)のように「依頼」という間接発話行為は，能力を問う以外の形を取る場合もある．

(34)　相手の意志を問うもの
　　a. Will you quit making that awful racket?
　　b. Would you kindly get off my foot?　　　　　　　　　　　（Searle 1979）
(35)　話し手の願望・欲求を表すもの
　　a. I would like you to go now.
　　b. I would／should appreciate it if you would／could do it for me.　（Searle 1979）

依頼は話し手の利益になることをするよう聞き手を促すものである．つまり 5.2.1 で述べた発話行為の種類でいえば，行為指導型の発話行為になる．同様に行為指導型で，聞き手の利益になることをさせようと促す助言・提案についても慣用性がみられる．

(36)　a. Why don't you try it just once?　　　　　　　　　　　　（Searle 1979）
　　b. Ed, to Erin：Oh, look, now… you may want to…now that you're working here, you may want to…rethink your wardrobe a little.　　　（Erin Brockovich）

さらに行為拘束型の申し出行為（offer）にも慣用性がある．

(37)　a. Can／May I help you?
　　b. I'll see what I can do.
　　c. Is there anything I can do for you?
　　d. I want to be of any help I can.　　　　　　　　　　　　（Searle 1979）

一般に，次の(38a)のような平叙文の発話は，確定した事実を述べるという，強い断言になる．しかし不確かさがある場合には，(38b)のように I think ／ I believe を付け加えた間接的表現が用いられる．

(38)　a. He is in the next door.
　　b. I think／believe he is in the next door.　　　　　　　　　（Searle 1979）

この I think／believe は(39)のように，ネガティブ・ポライトネス・ストラテジー［N2］の緩和表現として意図的に用いることがある．

(39) a. I think he is a very aggressive person.
   b. It is thought that he is a very aggressive person.
   c.（塀によじ登ろうとしたアナに向かって）
      William：I don't think that's a good idea.　　　　　　(Notting Hill)
   c. Arissa：I think I'm gonna go home.（帰ろうかな）　　(Life as a House)

(39b) では受け身構文にすることで主張の力を和らげている (Lakoff 1973). ちなみに，相手にとって好ましくない内容を伝える際には，I'm afraid／I fear などが緩和表現（hedged performative）として用いられるが，これもネガティブ・ポライトネス・ストラテジーである．

(40)　Mr. Smith：Do you have any books by Dickens?
　　　　William：No. No, I'm afraid we're a travel bookshop.　　(Notting Hill)

また (41) のように発話行為動詞が埋込文の中に現れたり，助動詞を用いて遂行発話を間接的にする緩和表現もある．

(41) a. I regret to have to inform you of your dismissal.
   b. I am pleased to be able to offer you the job.
   c. I would like to suggest that you try another university.
   d. Christian, to Andy：All right, I gotta admit I only read a couple because it was a very…very large packet you sent.　　(The Devil Wears Prada)

このうち (41a), (41b), (41c) はネガティブ・ポライトネス・ストラテジーである．しかし (41d) は，原稿を読んでもらいたいというアンディの頼みを果たしておらず，ポジティブ・フェイスを脅かしているので，[have] got to (admit) は，その負担を軽減するポジティブ・ポライトネス・ストラテジーである．一方，行為拘束型でも約束 (e.g. I promise.) や聞き手の利益となるような行為を指示する提供 (offer) は，基本的に直接発話行為となり「あからさまに言う」ストラテジーで用いられる．

(42)　(You must) Have some more cake.　　(Brown & Levinson 1987)

また，感謝 (e.g. Thank you.), 謝罪 (e.g. Forgive me.) などの態度表明型の発話行為も直接的発話行為として行う．または，(43) のように，誠実性条件を問うのではなく，直接断言する形の間接発話行為として行われる (Searle 1979).

(43) a. I am sorry I did it.（謝罪）
   b. I am so glad you won.（祝福）

c. I am grateful for your help.（感謝）

特に (43b) の祝福は，6.1.2 の a. でみたポジティブ・ポライトネス・ストラテジー [P2] としてしばしば行われる．

6.2.3　発話の間接性とポライトネスの度合い

同じ間接発話行為を遂行する場合でも，表現方法によってポライトネスの程度に差がみられる．(44) はいずれも相手に車を貸してくれるよう頼むという依頼行為であるが，(44f) の直接発話行為から (42a) に近づくにつれて，よりポライトな間接発話行為になる (Brown & Levinson 1987)．

(44) a. There wouldn't I suppose be any chance of your being able to lend me your car for just a few minutes, would there?
b. Could you possibly by any chance lend me your car for just a few minutes?
c. Would you have any objections to my borrowing your car for a while?
d. I'd like to borrow your car, if you wouldn't mind.
e. May I borrow your car please?
f. Lend me your car.　　　　　　　　　　　　　(Brown & Levinson 1987)

一般に，疑問文にしたり，否定形にしたり，仮定法を用いたり，可能性の低さを示すような表現を用いたりといったような間接的手法をたくさん用いれば用いるほど，聞き手のネガティブ・フェイス（欲求）に配慮しているとみなされるため，よりポライトである．しかし，どの程度ポライトかについての解釈は（あるいは「どの程度ポライトかについては」），状況によって左右される．(44a) が適切なのは，かなりあらたまった場面に限られる．通常の状況では，よそよそしいか，悪くすれば慇懃無礼な行為になるおそれがある．

なお，(45a) や (46a) の省略や縮約表現としては (45b) や (46b) がある．これらの表現は依頼の間接発話行為として機能する場合にだけ用いられる (Brown & Levinson 1987)．

(45) a. Do you mind if I smoke?
b. Mind if I smoke?
(46) a. Are you going to give me a ride?
b. Gonna give me a ride?　　　　　　　　　　　(Brown & Levinson 1987)

(45b), (46b) の省略や縮約形は文字通りに解釈することはできない．さらに，省

略や縮約は話し手と聞き手が仲間同士であることを示す指標にもなる．したがって，(45b) や (46b) はポジティブ・ポライトネスとして働くのである (Brown & Levinson 1987)．

6.3　ポライトネスと文化的側面

　ポライトネスが，「ていねいさ」や「礼儀正しさ」だけを表す概念ではないことは本章のはじめでふれた．しかし，親しみを表す言語ストラテジーもポライトネスに含まれるという点は，日本語母語話者には理解しにくいかもしれない．これを実証する興味深い研究がある．井出 (Ide *et al.* 1992) が実施した日本人大学生とアメリカ人大学生に対する調査によると，日本人にとっては，「ていねいな」は「敬意がある」「感じのよい」「適切な」「思いやりのある」といった表現と結び付けられる傾向が強かった．また，「ていねいな」と「親しげな」に相関関係はなく逆の意味をもつことも明らかになった．一方，アメリカ人は，polite を considerate, respectful, pleasant だけでなく，friendly とも結び付けた．日本人にとっては「親しげな」は「ていねいな」の一側面を担うどころか，逆の概念であるのに対し，英語（アメリカ英語）では，friendly も polite の 1 つの側面であることがわかる．このようにポライトネスを構成する概念は文化によって多様であるといえる．

　ブラウンとレヴィンソンのポライトネス理論では，ポライトネスは言語普遍的で，ポライトネスの動機となるフェイスも言語を超えた普遍的概念であると主張した．しかし，これに対して，特に日本を含めたアジアの研究者たちは，文化的側面に考慮すべきだと主張する (Matsumoto 1988, Ide 1989, Mao 1994, Byon 2006)．

　たとえば，松本 (Matsumoto 1988) は，ブラウンとレヴィンソンの提唱するフェイスは，西洋の個人主義に基づく概念で，日本を含むアジア文化では，個人のフェイスよりも，グループ内の他のメンバーとの相対的な位置関係や，グループ内でどのような役割を担っているかといった社会的アイデンティティ (social identity) が重要視されると主張する．また，井出 (Ide 1989) は，ブラウンとレヴィンソンの提示するポライトネス・ストラテジーだけでは不十分であると主張する．ブラウンとレヴィンソンの提示するポライトネス・ストラテジーは，話し手が，聞き手個人のフェイスを守るために，話し手個人の意思に基づいて言語ス

トラテジーを自由に選択する（つまり個人の意図によって相手に積極的に働きかける）働きかけ（volition）タイプである．一方，日本語の敬語は，個人で自由に選択するのではなく，対人関係や場面に応じた社会のルールに従うために使われる受動的なわきまえ（discernment）タイプのポライトネスである．社会の中でどういった立場にあるのかや，その立場であればどういった言語使用をすべきかは，「わきまえ」のルールで決まっていて，これに従うのが日本語のポライトネスである．

　ポライトネスやフェイスに，文化的価値や社会的側面も取り入れて考えるべきだという点は，欧米の研究者からも指摘されている（Spencer-Oatey 2000）．スペンサー＝オーティーは，ポライトネスを分析する際には，もっと社会文化的側面を考慮するべきだと主張する．話し手は，どのような状況で何を言うかによって，ポライトかどうかが判断される．言い換えれば，ポライトネスとは，社会的評価（social judgment）である．

6.4　ポライトネス研究の展開

　従来のポライトネス研究は，分析の対象が発話行為レベルであった．さらに，ポライトネスのレベルを決める要因も，「話し手と聞き手の社会的距離」，「聞き手が話し手に対してもつ力」，「聞き手にかける負担度」といった限定的なものであった．しかし，実際の会話では，ポライトネスに応じた言語表現は，単一発話のみならず，複数の連続した発話やいくつもの発話にまたがる場合が多い．また，実際の会話が行われている状況は複雑で，ポライトネスを考える際には，会話相手との関係だけでなく，話し手・聞き手も含めた会話参加者間の関係，会話の行われている場所や時間，その場のあらたまり度，その他さまざまな社会的状況をも考慮する必要がある．さらに，会話は参加者同士がダイナミックに構築していくものであり，ポライトネスについても，その会話の場で何が起こっているのかを詳細に考察する必要がある．特に，その発話がポライトかどうかの判断は，話し手の意図だけではなく聞き手の解釈にもかかっているのであるから，話し手の立場からの分析だけでなく，聞き手の立場も考慮するべきである．このように，近年，よりダイナミックにポライトネスをとらえようという立場からの研究が展開されている（Eelen 2001, Mills 2003, Watts 2003, 他）．

上のような立場で，自然談話の分析を通してポライトネスの表出について研究を行っているのが，1990年代に始まった職場談話（workplace discourse）の研究である（Bargiela-Chiappini & Harris 2006）．この中でもとりわけ大規模な研究として職場の談話研究プロジェクトLWP（Language in the Workplace Project）がある．LWPはビクトリア大学（ニュージーランド；ウエリントン）で1996年から継続して研究が進められており，職場の自然談話からコーパスを構築し，ポライトネスがどのように表出しているかについて研究を行っている（Holmes & Stubbe 2003, Holmes & Marra 2004）．たとえば，依頼は実際の職場談話ではどのように行われるのだろうか．LWPのデータから例を出そう（Riddiford & Newton 2010）．

(47)　(Kate is a manager in a government department. Brenda is her personal assistant. Kate would like Brenda to work late today.)
　　　Kate：I know this is a bit last minute Brenda, but do you think you could possibly stay later tonight? It's just that I need to get the meeting agenda ready for tomorrow.

(47)では，上司が部下に依頼するという状況であるにもかかわらず，依頼の前置きをし，さまざまな緩和表現を使って依頼を和らげ，さらにその依頼の理由を提示している．また，(48)では，依頼とはまったく関係のない雑談から始めている．

(48)　(Tom enters Greg's office to request a day's leave. Greg is Tom's boss.)
　　　Tom：Can I just have a quick word?
　　　Greg：Yeah, sure, have a seat.
　　　Tom：(sitting down) Great weather, eh?
　　　Greg：Mm…
　　　Tom：Yeah, been a good week. Did you get away skiing at the weekend?
　　　Greg：Yeah, we did. Now, how can I help you?
　　　Tom：I was just wondering if I could take Friday off and make it a long weekend.
　　　Greg：Mm... I don't see any problem with that ... you will have finished that report by then, won't you?

　LWPをはじめとする職場談話の研究では，表出された会話の分析だけでなく，会話参加者のフォローアップインタビューやその職場のフィールドワーク等，多角的な視点からコミュニケーションの研究を展開している．さらに，聞き手の立場（ポライトかどうかを解釈する立場）からのポライトネス研究も行われるよう

になってきた（Spencer-Oatey & Xang 2003, Murata 2011；2012）．

🔍 より深く勉強したい人のために

Brown & Levinson（1987）は必読であるが，このほかに滝浦（2005），井出（2006），岡本（2007），滝浦（2008），Holmes（1995），Thomas（1995），Spencer-Oatey（ed.）（2000），Bargeiela-Chiappini & Harris（2006）などを読むのがよい．滝浦（2005）では，ブラウンとレヴィンソンのポライトネス理論における基本概念であるフェイスについて詳しい記述がある．

間接発話行為については，Cole & Morgan（eds.）（1975）のサールらの書いた論文（サールの論文は Searle（1979, Ch.2）に所収）や Geis（1995）などを読むのがよい．

✏️ 演習問題

1. 日常会話の中で，「依頼」はどのように行われるだろうか．実際の会話例から収集してみなさい．その際，発話レベルではなく（一発話だけを収集するのではなく），まとまった談話で例を集めなさい．そして，異なる相手に対して（たとえば，友達に対して，目上の人に対して）どのような違いがあるのかも考えてみなさい．

2. 下線部を日本語に訳しなさい．
（状況：Margaret はリハビリのためにセンターに来ている老女で，Millie はセンターのスタッフである．Millie はきっと2人が友達になるだろうと思って，Margaret に同じくリハビリのためにセンターに来ている Ruth を紹介する）

  Suddenly Millie said, "<u>Wait right here</u>. I'll be back in a minute." She returned moments later, followed closely by a small, white-haired woman in thick glasses. The woman used a walker. "Margaret Patrick," said Millie, "<u>Meet Ruth Eisenberg</u>."

  (*The story of Margaret and Ruth* from "A 4th Course of Chicken Soup for the Soul：101 Stories to Open the Heart and Rekindle the Spirits")

下線部はなぜ間接的な言い回しではなく命令形を使っているのだろう．ポライトネスの観点から説明しなさい．

3. 次は，アリスとハンプティ・ダンプティとのある敬語表現を巡っての口論である．それはどのような敬語表現でどのようなポライトネス・ストラテジーか答えなさい．

  'So here's a question for you. How old did you say you were?'
  Alice made a short calculation, and said 'Seven years and six months.'
  'Wrong!' Humpty Dumpty exclaimed triumphantly. 'You never said a word like it!'
  'I thought you meant "How old are you?"' Alice explained.

'If I'd meant that, I'd have said it,' said Humpty Dumpty.

〈Lewis Carroll, *Through the Looking Glass*〉

4. 次の会話の中の緩和表現を探しなさい．
   (a) A：Would you like to go to dinner tonight, if you have time, Lucy?
   　　B：That's a good idea, Bob, but well, actually I'm afraid I will be busy tonight.
   (b) A：ちょっと悪いんだけど，もし時間があったら，帰りにケーキかなにか買ってきてくれるかなあ．
   　　B：うん．多分大丈夫だと思うんだけど，ひょっとして残業が入ったら，ちょっと無理かもしれない．
   (c) Lorraine：Uh, Marty. This may seem a little forward, but I was kinda wondering if…if you'd ask me to the "Enchantment Under The Sea Dance" on Saturday?

〈*Back to the Future*〉

5. 日本語にはどのようなポジティブ・ポライトネス・ストラテジーがあるだろうか．ブラウンとレヴィンソンのポジティブ・ポライトネス・ストラテジーを参考にしながら，具体例をできるだけたくさんあげなさい．

第7章 呼びかけ語およびエピセットの用法

中島信夫・東森 勲

　呼びかけ語は，1章でみたように社会的直示としての働きがあるが，それ以外に，多くの呼びかけ語は，相手に対する感情表明の働きもある．エピセットと呼ばれるタブー語なども，一般に，感情表明の働きをする．こうした意味は，表明的意味（expressive meaning）と呼ばれ，最近，言語学だけでなく（Potts 2005；2007），哲学などでも（Kaplan 2004），研究対象として取り上げられるようになった．この章では，そうした言葉の働きを，特に，言語行為との絡みでみていく．

7.1 呼びかけ語

7.1.1 呼びかけ語の働き

　発話において，話し相手に言及することばは，一般に，address term（日本語では，「呼称」）と呼ばれる．その中で，相手（addressee）を指し示す語ではあるが，文を構成する要素ではなく文とは独立した表現がある．たとえば，(1)の例で，「山田くん」も「あなた」も発話の相手を表しているが，「あなた」は「誤解する」という述語の主格として文を構成しているのに対し，「山田くん」は意味論的に文とは独立した要素である．

(1) あのね山田くん，あなた誤解しているんじゃない？

こうした「山田（くん）」といった相手を指し示す表現は，一般に，**呼びかけ語**（vocative）と呼ばれ，その使用には話し手と相手との人間関係が反映される．

　英語では，呼びかけ語は，日本語に比べはるかに頻繁に用いられ多種多様なものがある．英語の例をもとに，まず，呼びかけ語の働きについてみてみると，コール（call）とアドレス（address）の2つがある（Zwicky 1974）．コールは，(2)の例のように主として発話の先頭とか，heyなどの後に現れ，相手の注目を引く働きをいう．

(2) a. Mr. Abanks, I don't believe it was an accident. 　　　　　　(*The Firm*)
　　 b. Hey, Marty…I'm not your answering service. 　　　　　　(*Back to the Future*)

また，副次的機能として，(3a)のように複数の聞き手の中から相手を特定する働きがある（Clark & Carlson 1992）．逆に，特に誰と指定しない場合は，(3b)のように someone／somebody などを使う．

(3) a. Charles, to Ann, in front of Barbara：<u>Ann</u>, what's playing at the theater next year?
　　b. <u>Somebody</u>, help us!

他方，アドレスは，(4)のように発話の途中，ないし，最後に現れて，相手とのつながりを維持，あるいは，強めようとする働きをいう．

(4) a. [If] You want a Pepsi, <u>pal</u>, you gotta pay for it!　　　　　　　(*Back to the Future*)
　　b. Penny：Do you promise?
　　　　Corky：Of course, <u>Penny</u>, you have my word.
　　c. Corky：Will you send me lots of postcards and letters?
　　　　Penny：Of course, I won't forget you, <u>Corky</u>!

アドレスとしての呼びかけ語は，look, listen, well, you know などの発話を始める合図とか，挨拶（hi, hello, good morning），感嘆表現（God, wow, oh boy）の後でよく用いられる（Zwicky 1974）．(5) はそうした例である．

(5) a. Listen, <u>my pretty friend</u>, you are not a bad or a weak person.
　　b. God, <u>kid</u>, it was great!

日本語では，構造上の理由で，呼びかけ語を文の後に置くのは普通ではない．次の日本語の呼びかけ語は，英訳では，文尾に置かれている．

(6) a. <u>社長</u>，がんばってくださーい！　　　　　　　　　　　　　　　（『OL進化論1』）
　　b. Go on and win, <u>Mr. President</u>!

呼びかけ語の発話に後続ないし先行する発話，あるいは，同時的な発話は，主張，要請，約束といった発話行為を実行しているが，呼びかけ語のコールおよびアドレスの働きは，これらとは別個の，独立して遂行される発話行為で，グライスのいう話し手の意味の1つと考えられる（Portner 2007）．つまり，呼びかけ語の発話によって (7a) ないし (7b) のような遂行発話が実行されると考えられる．

(7) a. あなたの注目をここに求めます．
　　　　(I hereby request your attention.)
　　b. あなたが話し相手であることを再度ここに確認します．
　　　　(I hereby reiterate that you are my addressee.)

そして，(7a) の発話の働きをコール，(7b) の発話の働きをアドレスとみること

ができる．次の例の示すように，埋め込み文では呼びかけ語を用いることはできないが（Banfield 1982, Portner 2007, Zwicky 1974），これは呼びかけ語の発話のもつ遂行的性質によるものと考えられる．

(8) *Melinda maintained that, <u>Mr. Abanks</u>, it hadn't been an accident.

現れる位置以外の形式上の特徴としては，相手の特徴を表す形容詞とか you あるいは「you＋限定表現」や，文全体を呼びかけ語にするということがある．

(9) a. Say <u>slim</u>, can you give me a boost? (Zwicky 1974)
b. Marty：Hey, Dad! George! Hey, <u>you on the bike</u>! (*Back to the Future*)
(10) a. Hey <u>whatsyourname</u>, give me that boat hook! (Zwicky 1974)
b. （クリスマスの前，宝石売り場をうろついていた夫を見かけた妻が，13年間スカーフしかくれなかった夫へのいやみを言う場面）
Karen：Don't worry—my expectations are not that high after 13 years, <u>Mr O-But-You-Always-Love-Scarves</u>... (*Love Actually*)

7.1.2 呼びかけ語の種類

日本語二人称代名詞には，「あなた／あんた／君／お前／おめえ／貴様」などさまざまなものがあり，その使い分け方はかなり複雑であるが，英語の二人称は，次のように敬称を用いたりする以外，基本的には you だけである．

(11) Doctor, to Princess Ann：I'll disturb <u>Your Royal Highness</u> a moment, huh. (*Roman Holiday*)

しかし，呼びかけ語に関しては，英語には日本語よりはるかにたくさんのものがあり，その使い方も，日本語の二人称代名詞などよりずっと複雑である（Biber *et al.* 1999, Zwicky 1974, 小田 2010）．

a. 社会的関係を表す呼びかけ語

社会において，我々は他者とさまざまな関係の中で暮らしており，それに伴ってさまざまな呼びかけ語がある．

・親族語： dad, mom, granddad, grandma, uncle／aunt（＋first name），son, …
(12) Fiona：When you sing, it brings sunshine and happiness into my heart.
Marcus：Thanks, <u>Mum</u>. (*About a Boy*)

年下の者が年上の者を呼ぶときの方が，年上が年下のときより多く用いられる（小田 2010）．

・敬称： Your Highness, Your Honor, …

(13) a. Dean, to Princess Ann：I believe at the outset, <u>Your Highness</u>, that I should express the pleasure of all of us, at your recovery from the recent illness.

(Roman Holiday)

b. Judge：…I'm ready to give my decision. Before I do, is there anything anyone wants to say?
　　Ed：No, <u>Your Honor</u>.　　　　　　　　　　　　　　　　(Erin Brockovich)

・職業名： doctor, driver, professor, waiter, Father, …

(14) a. Mitch：Forget about home, <u>driver</u>. Take me to the firm.　(The Firm)

b. Alex：Bless me, <u>Father</u>, for I have sinned. It's been two weeks since my last confession.　　　　　　　　　　　　　　　　　　　　　　　　(Flashdance)

日本語でも職業，肩書，地位などでの呼びかけ語が多用され，たとえば，「社長さん」のように肩書に「さん」を付けて呼ぶことも少なくない（沖森他 2011）。ただ，日本語では，名前がわかっている場合でも職業名等がよく用いられるのに対し，英語では，その場合，ファーストネームなどの名前で呼ぶのが普通である．

　名前は，社会において個人を特徴付ける最も重要な特性で，呼びかけ語として頻繁に用いられる．

・固有名： First Name, Last Name, First Name + Last Name, Title + (First +) Last Name, Title + First Name

(15) a. Abby, to her husband：<u>Mitch</u>, I know what you want.　(The Firm)

b. Mr. Strickland, to his student：The Doc? Am I to understand you're still hanging around with Dr. Emmett Brown, <u>McFly</u>? [This is] A tardy slip for you, <u>Miss Parker</u>.　　　　　　　　　　　　　　　　　　(Back to the Future)

c. Alex, to her love：Now you listen to me, <u>Nick Hurley</u>. I don't need you telling me what to do.　　　　　　　　　　　　　　　　　　　　(Flashdance)

ラストネームの呼びかけ語は，(15b) のように，目上の者（教師）が目下の者（学生）に対して，注意するときなど，距離を置いて話すときに用いる．(15c) のようにフルネームを用いるのは，怒ったときのようにさらにあらたまった話し方をするときである．また，使用人などが，"Mr. George" などというように，主人のファーストネームに敬称を付けることがある．

b. 話し手の気持ちを表明する呼びかけ語

呼びかけ語は，また，好悪の気持ちを表明し，そのことによって相手との心的距離を縮めたり，逆に，相手と距離を取る働きをする．

・愛情語 (endearment)： baby, darling, (my) dear, honey, sweetie, …

(16) a. Andy, to her boyfriend Nate：Hey, babe. You should see the way these girls at Runway dress. I don't have a thing to wear to work.
(The Devil Wears Prada)

　　b. Alex：Hanna, Hanna!
　　　 Hanna：Oh darling, here you are. (Flashdance)

　　c. Abby, to her husband：Honey, you don't even know what moves me about you, do you? (The Firm)

(babe, honey は男性から女性への場合が多いが，(16a), (16b) のように逆のこともある．)

・親愛語 (familiarizer)： buddy, mate, pal, son, brother／sister, …

(17) a. Will, to Marcus：…The thing is, mate, my life's really kind of hectic just at the moment. (About a Boy)

　　b. Mitch：I don't need much of a life, Mr. Voyles, but it has to be mine.
　　　 Voyles, an older man：Is that what you've got now, son? (The Firm)

・軽蔑語 (derogatory term)： Honkie, Frog, Jap, Polack, Wop, asshole, bitch, butthead, idiot, jerk, lazy, …

(18) a. Biff：What are you lookin' at…butthead? (Back to the Future)

　　b. Erin, to her coworker：I'm not talking to you, bitch! (Erin Brockovich)

一般に，愛情語とか親愛語は，相手との心的距離を縮めたり，あるいは，維持したりするが，軽蔑語は，相手と距離を取ったり，さらには，関係を断ち切る働きをする．しかし，次の (19a) の例のように，軽蔑語が親近感を確認させるのに使われたり，(19b) のように，初めて出会った男女が，ポジティブ・ポライトネス・ストラテジーとして，わざと軽蔑語を使って，逆に，お互いの間の距離を縮めようとすることもある．

(19) a. Jeanie：Why did you come here?
　　　 Alex：Because you're my friend…Jerk. (Flashdance)

　　b. Paula：Where are you from, Mayo the Wop?

　　　　Mayo：Everywhere, nowhere, Paula <u>the Polack</u>.　　(*An Officer and a Gentleman*)

また，通常は否定的意味をもたない語，たとえば，boy，lady などが，呼びかけ語として用いられると，軽蔑，皮肉といった意味合いをもつ場合もある．

(20) a. Sergeant Foley, to an officer candidate：You better stop eyeballin' me, <u>boy</u>! You're not worthy enough to look your superiors in the eye!

(*An Officer and a Gentleman*)

　　b. Anna, to Erin：Don't you use language like that with me. Who do you think you are, <u>Ms. Lady</u>?　　(*Erin Brockovich*)

boy は人に対しての呼びかけ語でだけではなく，(21) では犬への呼びかけ語として用いられている．

(21)　Marty：Einstein, come here, <u>boy</u>.　　(*Back to the Future*)

7.2　エピセットを用いた感嘆表現

7.2.1　誓言，ののしり

　どの社会にいても一般にいえることであるが，英語でも，神とか宗教に関する語（e.g. God, Jesus, Christ, Hell），性に関する語（e.g. fuck），排泄に関する語（e.g. shit, piss）などは特に人前ではみだりに口にできない**タブー語**（taboo term）とされている．怒り，いらだちなどの感情が高まったとき，そのはけ口としてタブーを破ってそうしたことばを口にすることを，一般に，**誓言**（swearing）という（Wierzvicka 1987）．

(22) a. （ぐれた息子が，夏休みで1日中家にいることになったときのため息まじりのことば）

　　Robin：<u>God</u>, I hate the thought of him home all day.　　(*Life as a House*)

　b. （駐車違反の切符を切られているのに気がついて）

　　Erin：Oh, <u>fuck</u>!　　(*Erin Brockovich*)

　c. Avery：Oh, <u>shit</u>, I forgot, she phoned last night.　　(*The Firm*)

感情のはけ口として誓言が行われるのは，規範を破ることがある種の快感でもあるので，一種の精神的浄化（catharsis）の役割を果たすからである（Pinker 2007, Wajnryb 2005）．また，感情が高まったとき，ただやみくもにタブー語を発するのではなく，その使用は制度化されており，どういう状況でどういうことばをど

ういう声の調子で発するかについては一定の規則がある（Pinker 2007）．

　言語行為としてみると，誓言は，"Ouch!"という痛みの叫びに似ている．"Ouch!"という叫びは，体の中にある何か「痛み」といったものを表現しているのではなく，身をよじる，顔をしかめるといった痛みの動作の延長上にある「痛みの振る舞い」である．同様に，誓言も，それ自身が怒り，いらだち，驚きといった感情の「振る舞い」である．

　規範を破ることは，一方で，とがめの気持ちを伴うので，それを和らげるために，Golly (God)，shoot (shit)，darn (damn)，cow，smoke といった**婉曲表現**（euphemism）がしばしば用いられる．

(23) a. Sam：…You told me that you would be my lawyer?
　　　　Rita：Ye…Sam, I'm your… I…
　　　　Sam：Golly, 'cause I thought… I…maybe…I must have misunderstood you.
　　　　　　　　　　　　　　　　　　　　　　　　　　　　　　　　　（*I am Sam*）
　　b.（セーターにスープをこぼしてしまった場面で）
　　　　Andy：Um, shoot.　　　　　　　　　　　　　（*The Devil Wears Prada*）
　　c.（クルーズ船を 27 日間も借りてくれる客がいたので，喜んだ場面）
　　　　Jack：That's my lucky number. Holy sh[it] …smokes!　　（*Cocoon*）

　タブー語とかそれに類する軽蔑語を用いてある対象を攻撃する行為は，罵詈，あるいは，**ののしり**（cursing）と呼ばれ（Wierzvicka 1987），「you＋タブー語等」の形でよく用いられる．

(24) a. Marty, to Biff, a bully：Leave her alone. You bastard!　（*Back to the Future*）
　　b. Biff：Hey, I'm talkin' to you, McFly, you Irish bug!　（*Back to the Future*）
　　c. Mitch：I love you, Abby.
　　　　Abby：Don't dare, you sonofabitch!　　　　　　　　　　（*The Firm*）
　　d. Johnny：Drink a little wine. Do a little weed（＝marijuana）．
　　　　Alex：You asshole.　　　　　　　　　　　　　　　　　　　（*Flashdance*）

　これらののしり語は，形は you on the left などの呼びかけ語に似ているが，述語は制限的な働きではなく叙述的な働きで，対象に対する話し手の発話時における評価を表す働きをしている（Potts & Roeper 2006）．また，ののしりの中で，特に命令文などを使った祈願の形をしたものは，**呪い**（malediction）と呼ばれる（Napoli & Hoeksema 2009, Allan & Burridge 2006）．

(25) a. Go to hell!
　　 b. The devil fetch that fellow!
　　 c. Jordan O'Neill, to Master Chief：Suck my dick! 　　　　　(*G. I. Jane*)
　　 d. Sam, to his father George：You go fuck yourself! 　　　(*Life as a House*)

ののしりとか呪いの行為は，ことばには魔力のような力が備わっているという暗黙の素朴な信仰心のようなものがもとにあり，そうした力を用いて対象を攻撃しようとするのであり，少なくとも物理的には，攻撃対象に具体的危害が及ぶわけではない．また，ののしりは，話し手1人でも遂行できる誓言と違い，何らかの攻撃対象が必要であるが，その対象は聞き手である相手だけでなくその場にいない第三者に対しても行われる．

(26) 　Mitch：They（＝The F.B.I. agents）also suggested that Hodges and Kozinski were murdered.
　　　McKnight：<u>Those sons-of-bitches</u>! Now, we ought to build a case and sue. This is pure harassment! 　　　　　　　　　　　　　　　　　　　　　　　(*The Firm*)

さらに，人以外のものに対しても行われる．

(27) （調子の悪い電話機に向かって）
　　　Erin：Oh, <u>you fucking piece of crap with no signal</u>! 　　(*Erin Brockovich*)

こうしたことからわかるように，ののしりの場合，攻撃を受ける人物がそのことに気付いているかどうかは重要でない (Wierzvicka 1987)．この点で，話し手の意図が了解されることによって行為が遂行されるコミュニケーション行為，たとえば，abuse, insult といった行為，とは本質的に異なる．

ののしり語は，話し手と相手との関係とか状況によっては，悪意のない比較的軽い意味で用いられることもある．(28) の例で，若者達の使っているタブー語は，それほど悪意のあるものではなく，逆に連帯感を確認するような働きをしている (Brown & Levinson 1987；1978)．

(28) （モーガンが，臨時の掃除夫の仕事をクビになったウィルをからかったが，逆に仲間からからかわれている場面）
　　　Morgan, to Will：Boy, I always say how stupid you need to be to get fired from that job. I mean, how hard is it to push a <u>mother-fuckin'</u> broom around a room?
　　　Chuckie：<u>Bitch</u>, you got fired from pushing a <u>fuckin'</u> broom.

Morgan：I got fired 'cause management was restructuring.
Billy：Yeah, restructuring the amount of retards they had workin' for 'em.
Morgan：Shut up. You get canned more than tuna, <u>bitch</u>.
Billy：At least I got a <u>mother-fuckin'</u> job right now, don't I?

(Good Will Hunting)

このようなタブー語の用法をさらに進めて，久しぶりに会った友達に (29) のように言う場合などは，単に相手との連帯感・つながりを維持したり強めたりするだけに使われる (Wajnryb 2005)．

(29) How are you, you old bastard?

こうした用法では，「連帯感を求める」という意図が相手に伝わるということが重要であるので，そういう意図を伝えようと意図するコミュニケーション行為になっていると考えられる．また，関連した用法として，お互いにタブー語やののしり語を使い合う，(悪意のない) **からかい語** (friendly banter) と呼ばれているものもある (Allan & Burridge 2006)．

7.2.2　エピセットの構文的および意味論的特徴

タブー語は，独立したフレーズの発話としてではなく，形容詞，動詞，名詞句といった，構文を構成する一要素としても用いられる (Hoeksema & Napoli 2008, Napoli & Hoeksema 2009)．

・動詞：

(30) a. Natalie：I did have an awful premonition I was going to <u>fuck up</u> (=make a mistake) on my first day…o <u>piss it</u>.   (<i>Love Actually</i>)

b. Erin：What are you yelling at me for?
Ed：Because I'm <u>pissed off</u> (=annoyed)!   (<i>Erin Brockovich</i>)

・目的語：

(31) a. They kicked <u>the shit</u> out of Jones (=kicked violently).

(Hoeksema & Napoli 2008)

b. Sam：Okay—Dad, let's do it. Let's go get <u>the shit</u> kicked out of us by love…

(Love Actually)

c. Erin：With a little effort, I really think we can just nail <u>their asses</u> to the wall (=punish them severely).   (<i>Erin Brockovich</i>)

・名詞句（指示表現）：
　(32) a. Biff：I'm gonna get that <u>son-of-a-bitch</u>.　　　　　　(*Back to the Future*)
　　　 b. Avery：<u>Son-of-a-bitch</u> pays less than five percent tax and wants to fire us.
　　　　　　　　　　　　　　　　　　　　　　　　　　　　　　　　(*The Firm*)

・形容詞・副詞：
　(33) a. Mitch, to the FBI agent：Let me ask you something…Are you out of your <u>fucking</u> mind?　　　　　　　　　　　　　　　　　　　　　　(*The Farm*)
　　　 b.（足が当たったコーヒーテーブルをけ飛ばす場面で）
　　　　 Rita：God! I hate that <u>stupid</u> coffee table. How many times, Patricia, have I told you to get rid of that <u>crappy</u> coffee table?　　　　(*I am Sam*)
　　　 c. Huey, to band members：Hold it, fallas. I'm afraid you're just too <u>darn</u>（＝damn) loud.　　　　　　　　　　　　　　　　　　　　(*Back to the Future*)

・疑問文：（疑問文で，「一体全体」といった意味の強意語として用いられる．）
　(34) a. Lamar：What <u>the hell</u> are you doing?　　　　　　　　　(*The Firm*)
　　　 b. Natalie：Where <u>the fuck</u> is my fucking coat?　　　　(*Love Actually*)

・否定・肯定：　The hell／fuck，The devil，Like hell，…
　(35)　Mitch：I don't even know her name. It didn't mean anything.
　　　　 Abby：<u>Like hell</u> it didn't. It means everything.　　　　(*The Firm*)
　　　　（Like hell it didn't＝It is not the case that it didn't）
　(36) a. Doc：It（＝The time machine) works! I finally invent something that works.
　　　　 Marty：You bet <u>your ass</u>,（＝もちろんだ) it works.　　(*Back to the Future*)
　　　 b. A：Are you hungry?
　　　　 B：Does the bear <u>shit</u> in the wood?（＝あたりまえだ)
　　　　　　　　　　　　　　　　　　　　　　　　　　(Hoeksema & Napoli 2008)

・否定対極表現（negative polarity item）：
　(37) a. I can't see a <u>damned／bloody</u> thing.　　　(Hoeksema & Napoli 2008)
　　　 b. Sam：You didn't give a <u>shit</u> about anything I did up until now!
　　　　 George：I'll apologize for everything but today. Today I give a shit.
　　　　　　　　　　　　　　　　　　　　　　　　　　　　　　(*Life as a House*)

ののしりの攻撃は，たとえば，(33b) の that stupid coffee table では，コーヒーテーブルに向けられているが，そうした物とか人といった対象だけでなく状況に向けられることもある．(38) のように，最新の高性能のラップトップコンピュー

タを盗まれた場合，いらだち，腹立たしさはコンピュータそのものにではなく，盗まれたことに対して向けられていると解釈できる．

(38) They stole my fucking laptop! (Pinker 2007)

また，ののしり語が文のどこにあっても，たとえば，埋め込み文の中であっても，ののしっているのは，基本的には話し手である．

(39) a. John says his landlord is a fucking scoutmaster. (Pinker 2007)
　　　b. Sue believes that that jerk Dave got promoted. (Pinker 2007)

(39a) の発話では，家主を軽蔑しているのは話し手であって，ジョンではない．また，(39b) では，スーがデイブを高く評価していることはありえても，話し手はそうではないことが暗に示されている．(40) でも，クリントンの発話 (40a) をブッシュが (40b) のように伝えると，ブッシュはクリントンの発話を忠実に伝えたことにはならず，damn はブッシュ自身に帰せられてしまう．

(40) a. Clinton：The damn Republicans should be less partisan.
　　　b. Bush：Clinton says the damn Republicans should be less partisan.
(Potts 2005)

こうした現象は，日本語についてもみられる．

(41) ジョンは［メアリーが寝過ごしちまった］ことを知っている．
(Potts & Kawahara 2004)

埋め込み文の「しちまった」は，ジョンではなく，話し手のメアリーに対する否定的態度を表す．

　誓言，ののしり（語）は，常に，発話状況における話し手の何らかの感情的評価を表す（Cruse 1986, Potts 2005 ; 2007）．たとえば，(33b) の "that crappy coffee table" は，話し手の発話時の気持ちの表明であって，コーヒーテーブルの客観的評価ではない．また，何か失敗をして自分に向かって次のように言ったときも，発話時における気持ちの表明である（Potts & Roeper 2006）．

(42) Oh, you fool!

したがって，次の発話時を超えた話し手自身の客観的評価とはまったく異なる．

(43) I am a fool.

　こうした誓言，ののしり（語）の働きは，さらに一歩進めて，構文の中の一要素として現れている場合であっても，構文全体によって行われる発話行為とは別

個の，独立した発話行為を遂行していると考えることができる（Potts 2005；2007）．

より深く勉強したい人のために

呼びかけ語については，Zwicky（1974），Biber *et al.*（1999）などを読むのがよい．日本語の文献では，小田（2010）が詳しい．誓言・ののしりについては，Wajnryb（2005），Pinker（2007），Napoli & Hoeksema（2009）が詳しい．日本語の文献では，高増（2000）がある．心理学者が書いた Jay（2000）もある．表明的意味については，Potts（2007）を読むのがよい．

演習問題

1. 下線部の語は，呼びかけ語だろうか．また，もしそうであれば，コールとアドレスのいずれの働きをしているか．
   (a) Nina：<u>Mr. McDeere</u>! Uhm, Mr. Mulholland's called twice about his bills again.
   　　　　　　　　　　　　　　　　　　　　　　　　　　　　　　　　　　　（*The Firm*）
   (b) Mrs. Moralese, to Erin：<u>My daughter</u>, she bought a big house with a room for me.
   　　　　　　　　　　　　　　　　　　　　　　　　　　　　　　　　　（*Erin Brockovich*）
   (c) Lorraine, to her son：Good morning, <u>sleepy head</u>. 　　（*Back to the Future*）
   (d) Reporter, to Ann：Does <u>Your Highness</u> believe that federation would be a possible solution to Europe's economic problem?
   　　　　　　　　　　　　　　　　　　　　　　　　　　　　　　　　　（*Roman Holiday*）
   (e) George, to his son：I know what you're gonna say, <u>son</u>. You are right.
   　　　　　　　　　　　　　　　　　　　　　　　　　　　　　　　　（*Back to the Future*）
   (f) Lily（a prostitute）, to Sam：Hey! Hey, <u>you</u>. Hey, <u>handsome</u>. 　（*I am Sam*）

2. 下線部の発話は，誓言，ののしり，呪い，のいずれの行為か．
   (a) （真実の口（The Mouth of Truth）に入れた手が抜けなくなったとだましたジョーに対するアン王女の発言）
   　　Ann, to Joe：<u>You beast</u>, it was perfectly all right! You never hurt your hand.
   　　　　　　　　　　　　　　　　　　　　　　　　　　　　　　　　　（*Roman Holiday*）
   (b) Marty：<u>Damn</u>! I'm late for school. 　　　　　　　　　（*Back to the Future*）
   (c) （カーナビに向かって）
   　　GPS：Right turn ahead.
   　　Rita：Right on Vermont? That'll be another twenty minutes, <u>you idiot</u>.
   　　　　　　　　　　　　　　　　　　　　　　　　　　　　　　　　　　　（*I am Sam*）

(d) （銀行強盗が泣いている子供の母親に向かって）
　　Shut your damn kid up, lady.
(e) （ボスのエドと口論したあとのエリンと事務員ブレンダとの会話）
　　Brenda：Lovers' quarrel?
　　Erin：Oh, bite my ass, Krispy Kreme.　　　　　　　　　（*Erin Brockovich*）
(f) William：...Calm down. How about a cup of tea?
　　Anna：I don't want a goddamn cup of tea. I just wanna go home.　（*Notting Hill*）

3. 呼びかけ語，誓言，ののしりの具体例を，映画のスクリプトなどの会話例から収集してみなさい．
4. 日本語には，英語のような誓言，ののしりはない，あるいは，ほとんどない，という人がいるが，あなたはどう思うか．

文献一覧

荒木一雄編（1999）『英語学用語辞典』，三省堂．
飯野勝己（2007）『言語行為と発話解釈：コミュニケーションの哲学に向けて』，勁草書房．
池上嘉彦・守屋三千代（2009）『自然な日本語を教えるために―認知言語学をふまえて』，ひつじ書房．
井出祥子（2006）『わきまえの語用論』，大修館書店．
今井邦彦編・D. ウィルスン・T. ウォートン著（2010）『最新語用論入門 12 章』，大修館書店．
岡本真一郎（2007）『ことばのコミュニケーション：対人関係のレトリック』，ナカニシヤ出版．
沖森卓也・木村義之・田中牧郎・陳　力衛・前田直子（2011）『図解：日本の語彙』，三省堂．
小田希望（2010）『英語の呼びかけ語』，大阪教育図書．
河上誓作（1993）「Overstatement と Understatement：アイロニーを取りまく関連語彙の研究」，『言語学からの眺望』，九州大学出版会，235-246.
河上誓作（1998）「アイロニーの言語学」，『待兼山論叢』第 32 号 文学篇，1-16.
久保　進（2001）「言語行為」，小泉　保編『入門語用論研究：理論と応用』，研究社，81-101.
久保智之（1992）「日本語の同語反復コプラ文に関する覚え書き」，『福岡教育大学国語科研究論集』33 号，56-44.
小出慶一（1997）「誘導推論について」，『群馬県立女子大学紀要』**18**，13-26.
小島義郎（1988）『日本語の意味英語の意味』，大修館．
小泉　保（1993）『日本語教師のための言語学入門』，大修館書店．
小泉　保（1996）「皮肉の語用論」，『言語探究の領域―小泉保博士古稀記念論文集』，大学書林，11-20.
小泉　保編（2001）『入門語用論研究―理論と応用―』，研究社．
坂原　茂（1985）『日常言語の推論』，東京大学出版会．
坂原　茂（2002）「トートロジとカテゴリ化のダイナミズム」，大堀壽夫編『認知言語学 II：カテゴリー化』，東京大学出版会，105-134.
澤田治美・高見健一編（2010）『ことばの意味：日英語のダイナミズム』，鳳書房．
ソルヴァン，ハリー・前田直子（2005）「「と」「ば」「たら」「なら」再考」，『日本語教育』**125**，28-37.
高原　脩・林　宅男・林　礼子（2002）『プラグマティックスの展開』，勁草書房．
高増名代（2000）『英語のスウェアリング―タブー・ののしり語の語法と歴史』，開拓社．
滝浦真人（2005）『日本語の敬語論―ポライトネス理論からの再検討』，大修館書店．
滝浦真人（2008）『ポライトネス入門』，研究社．

友清理士（2001）『英語のニーモニック：円周率から歴史年号・イギリス王室まで覚え歌大集合』，研究社．
信原幸弘（2003）「コネクショニズムと日常的推論」，戸田山和久他編『心の科学と哲学：コネクショニズムの可能性』，昭和堂，226-245．
野本和幸・山田友之編（2002）『言語哲学を学ぶ人のために』，世界思想社．
野矢茂樹（1999）『論理学』，東京大学出版会．
服部四郎（1968）『英語基礎語彙の研究』，三省堂．
東森　勲・吉村あき子（2003）『関連性理論の新展開：認知とコミュニケーション』，研究社．
町田　健編・加藤重広（2004）『日本語語用論のしくみ』，研究社．
松浪　有・池上嘉彦・今井邦彦編（1994）『大修館英語学事典』，大修館．
丸山孝男（2002）『英語ジョークの教科書』，大修館．
籾山洋介（2009）『日本語表現で学ぶ入門からの認知言語学』，研究社．
森山卓郎（2000）『ここからはじまる日本語文法』，ひつじ書房．
山口治彦（2009）『明晰な引用，しなやかな引用：話法の日英対照研究』，くろしお出版．
山梨正明（1986）『発話行為』，大修館．

Allan, Keith (1986) *Linguistic Meaning* Vol.2, London：Routledge & Kegan Paul.
Allan, K. and K. Burridge (2006) *Forbidden Words: Taboo and the Censoring of Language*, Cambridge：Cambridge University Press.
Allott, Nicholas (2010) *Key Terms in Pragmatics*, London：Continuum.
Archer, Dawn and Peter Grundy (eds.) (2011) *The Pragmatics: Reader*, London：Routledge.
Austin, J. L. (1962) *How to Do Things with Words, The William James Lectures Delivered at Harvard University in 1955*, Cambridge, Massachusetts：Harvard University Press.（坂本百大訳（1978）『言語と行為』，大修館書店．）
Bach, Kent (1999) "The Myth of Conventional Implicature," *Linguistics and Philosophy* **22**, 327-366.
Bach, Kent (2004) "Pragmatics and the Philosophy of Language," in L. R. Horn and G. Ward (eds.), *The Handbook of Pragmatics*, Oxford：Blackwell, 463-487.
Bach, K. and R. M. Harnish (1979) *Linguistic Communication and Speech Acts*, Cambridge, Massachusetts：The MIT Press.
Banfield, Ann (1982) *Unspeakable Sentences: Narration and Representation in the Language of Fiction*, London：Routledge & Kegan Paul.
Bargiela-Chiappini, Francesca and Sandra Harris (2006) "Politeness at Work：Issues and Challenges," *Journal of Politeness Research* **2**(1), 7-33.
Barwise, Jon (1989) *The Situation in Logic*, Stanford：CSLI Publications.
Barwise, J. and Etchemendy, J. (1987) *The Liar: An Essay in Truth and Circularity*, Oxford：Oxford University Press.（金子洋之訳（1992）『うそつき―真理と循環をめぐる論考―』，産業図書．）

Berntsen, Dorthe and John M. Kennedy (1996) "Unresolved Contradictions Specifying Attitudes – in Metaphor, Irony, Understatement and Tautology," *Poetics* **24**, 13-29.
Biber. D., S. Johansson, G. Leech, S. Conrad and E. Finegan (1999) *Longman Grammar of Spoken and Written English*, London：Longman.
Bulhof, Johannes and Steven Gimbel (2001) "Deep Tautologies," *Pragmatics and Cognition* **9**, 279-291.
Blakemore, Diane (1994) "Echo Questions：A pragmatic Account," *Lingua* **94**, 197-211.
Blakemore, Diane (2011) "Relevance Theory," in Dawn Archer and Peter Grundy (eds.), *The Pragmatics Reader*, London：Routledge, 119-128.
Brown, Penelope and Stephen Levinson (1987) *Politeness: Some Universals in Language Usage*, Cambridge：Cambridge University Press. (田中典子監訳・斉藤早智子他訳 (2011)『ポライトネス 言語使用における，ある普遍現象』, 研究社.)
Byon, Andrew S. (2006) "The Role of Linguistic inDirectness and Honorifics in Achieving Linguistic Politeness in Korean Requests," *Journal of Politeness Research* **2**(2), 247-276.
Can, R., R. Kempson and E. Gregoromichelaki (2009) *Semantics: An Introduction to Meaning in Language*, Cambridge：Cambridge University Press.
Cappelen, H. and E. Lepore (2007) *Language Turned on Itself*, Oxford：Oxford University Press.
Carston, Robyn (1988) "Implicature, Explicature, and Truth-Theoretic Semantics," in Ruth M. Kempthon (ed.), *Mental Representations: The Interface between Language and Reality*, Cambridge：Cambridge University Press, 155-181.
Carston, Robyn (1993) "Conjunction, Explanation and Relevance," *Lingua* **90**, 27-48.
Carston, Robyn (1995) "Quantity Maxims and Generalized Implicature," *Lingua* **96**, 213-244.
Carston, Robyn (1996) "Metalinguistic Negation and Echoic Use," *Journal of Pragmatics* **25**, 309-330.
Carston, Robyn (1998) "Informativeness, Relevance, and Scalar Implicature," in Robyn Carston and Seiji Uchida (eds.), *Relevance Theory: Applications and Implications*, Amsterdam：John Benjamins, 179-236.
Carston, Robyn (2004) "Truth-Conditional Content and Conversational Implicature," in Claudia Bianchi (ed.), *The Semantics/Pragmatics Distinction*, Stanford：CSLI.
Chierchia, Gennaro (2004) "Scalar Implicature, Polarity Phenomena, and the Syntax/Pragmatics Interface," in Adrianna Belleti (ed.), *Structures and Beyond The Cartography of Syntactic Structures* Vol.3, Oxford：Oxford University Press, 39-103.
Chierchia, Gennaro and Sally McConnell-Ginet (2000) *Meaning and Grammar: An Introduction to Semantics,* Second Edition, Cambridge, Massachusetts：The MIT Press.
Clark, Herbert H. (1996) *Using Language*, Cambridge：Cambridge University Press.
Clark, H. H. and T. B. Carlson (1992) "Hearers and Speech Acts," in H. H. Clark, *Arenas of Language Use*, Chicago：The University of Chicago Press, 205-247.

Clark, H. H. and C. R. Marshall (1981) "Definite Reference and Mutual Knowledge," in A. K. Joshi, B. L. Webber, and I. A. Sag (eds.), *Elements of Discourse Understanding*, Cambridge：Cambridge University Press, 10-63.

Clark, Herbert H. and Richard J. Gerrig (1984) "On the Pretense Theory of Irony," *Journal of Experimental Psychology General* **113**, 121-126.

Cole, Peter and Jerry Morgan (eds.) (1975) *Syntax and Semantics 3: Speech Acts*, London：Academic Press.

Cruse, D. A. (1986) *Lexical Semantics*, Cambridge：Cambridge University Press.

Davis, Steven (1991) *Pragmatics: A reader*, New York：Oxford University Press.

Doherty, Martin J. (2009) *Theory of Mind: How Children Understand Others' Thoughts and Feelings*, New York：Psychology Press.

Eelen, Gino (2001) *A Critique of Politeness Theories*, Manchester：St Jerome.

Geis, Michael L. (1995) *Speech Acts and Conversational Interaction*, Cambridge：Cambridge University Press.

Geurts, Bart (2010) *Quantity Implicatures*, Cambridge：Cambridge University Press.

Giora, Rachel (1995) "On Irony and Negation," *Discourse Processes* **19**, 239-264.

Grice, H. P. (1957) "Meaning," *Philosophical Review* **66**, 377-388.

Grice, H. P. (1975) "Logic and Conversation," in Peter Cole and Jerry Morgan (eds.), *Syntax and Semantics 3: Speech Acts*, London：Academic Press, 41-58.

Grice, H. P. (1978) "Further Notes on Logic and Conversation," in Peter Cole and Jerry Morgan (eds.), *Syntax and Semantics 3: Speech Acts*, London：Academic Press, 113-28.

Grice, H. P. (1989) *Studies in the way of words*, Massachusetts：Harvard University Press. （清塚邦彦訳（1998）『論理と会話』, 勁草書房．)

Grundy, Peter (2000) *Doing Pragmatics* Second Edition, London：Arnold.

Harnish, Robert M. (1976) "Logical Form and Implicature," in T. Bever, Jerrold Katz, and Terence D. Langendoen (eds.), *An Integrated Theory of Linguistic Ability*, New york：Crowell, 313-92.

Hoeksema, J. and D. J. Napoli (2008) "Just for the Hell of it：A Comparison of Two Taboo-term Constructions," *Journal of Linguistics* **44**, 347-378.

Holmes, Janet (1995) *Women, Men and Politeness*, Harlow：Longman.

Holmes, Janet and Meredith Marra (2004) "Relational Practice in the Workplace：Women's Talk or Gendered Discourse?" *Language in Society* **33**, 377-398.

Holmes, Janet and Maria Stubbe (2003) *Power and Politeness in the Workplace: A Sociolinguistic Analysis of Talk at Work*, London：Longman.

Horn, Laurence R. (1976) *On the Semantic Properties of Logical Operators in English*, Distributed by IULC.

Horn, Laurence R. (1984) "Toward a New Taxonomy for Pragmatic Influence：Q-Based and R-Based Implicatures," in Deborah Schiffrin (ed.), *Meening, Form, and Use in Context：Linguis-

tic Applications, Washington DC : Georgetown University Press, 11-42.

Horn, Laurence (1989) *A Natural History of Negation*, Chicago : The University of Chicago Press.

Horn, Laurence (1992) "The Said and the Unsaid," *SALT* **2**, 163-192.

Horn, Laurence (2000) "From *If* to *Iff* : Conditional Perfection as Pragmatic Strengthening," *Journal of Pragmatics* **32**, 289-326.

Horn, Laurence (2006) "The Border-Wars : a Neo-Gricean Perspective," in K. von Heusinger and K. Turner (eds.), *Where Semantics Meets Pragmatics*, Amsterdam : Elsevier, 21-48.

Horn, Laurence (2007) "Toward a Fregean Pragmatics : Voraussetzung, Nebengedanke, Audeutung," in Istvan Kecskes and Laurence Horn (eds.), *Explorations in Pragmatics*, Berlin : Mouton de Gruyter, 39-69.

Horn, Laurence (2010) "WJ-40 : Issues in the Investigation of Implicature," in Klaus Petrus (ed.), *Meaning and Analysis: New Essays on Grice*, Basingstoke : Palgrave, 310-339.

Huang, Yan (2007) *Pragmatics*, Oxford : Oxford University Press.

Ide, Sachiko (1989) "Formal Forms and Discernment : Two Neglected Aspects of Universals of Linguistic Politeness," *Multilingua* **8**(2-3), 223-248.

Ide, Sachiko, Beverly Hill, Yukiko M. Carnes, Tsunao Ogino and Akiko Kawasaki (1992) "The Concept of Politeness : An Empirical Study of American English and Japanese," in R. J. Watts, S. Ide and K. Ehlich (eds.), *Politeness in Language: Studies in Its History, Theory, and Practice*, Berlin／New York : Mouton DeGuyter, 281-297.

Ifantidou-Trouki, Elly (1993) "Sentential Adverbs and Prelevance," *Lingua* **90**, 69-90.

Iwata, S. (2003) "Echo Questions are Interrogatives? Another Version of a Metarepresentational Analysis," *Linguistics and Philosophy* **26**, 185-254.

Jaworski, Adam (1993) *The Power of Silence: Social and Pragmatic Perspectives*, London : Sage Publications.

Jay, Timothy (2000) *Why We Curse: A Neuro-Psycho-Social Theory of Speech*, Amsterdam : John Benjamins.

Kadmon, Nirit (2001) *Formal Pragmatics Semantics, Pragmatics, Presupposition, and Focus*, Oxford : Blackwell.

Kaplan, David (2004) "The Meaning of *Ouch* and *Oops*," A Howison Lecture in Philosophy Presented by the UC Berkeley Graduate Council.

Karttunen, Lauri (1973) "Presuppositions of compound sentences," *Linguistic Inquiry* **4**, 169-193.

Kay, Paul (1997) *Words and The Grammar of Context*, Stanford : Center for the Study of Language and Information.

Kumon-Nakamura Sachi, Sam Glucksberg, and Mary Brown (1995) "How About Another Piece of Pie : The Allusional Pretense Theory of Discourse Irony," *Journal of Experimental Psychology General* **124-1**, 3-21.

Lakoff, Robin (1973) "The Logic of Politeness : or Minding Your P's and Q's," *Chicago Linguistic*

Society **9**, 292-305.

Lakoff, Robin (1974) "Remarks on *This* and *That*," *Chicago Linguistic Society* **10**, 345-356.

Leech, Geoffrey N. (1983) *Principles of Pragmatics*, London／New York：Longman.

Levinson, Stephen C. (1983) *Pragmatics*, Cambridge：Cambridge University Press.（安井　稔・奥田夏子訳（1990)『英語語用論』，研究社.）

Levinson, Stephen C. (1987) "Pragmatics and the Grammar of Anaphora," *Journal of Linguistics* **23**, 379-434.

Levinson, Stephen C. (1991) "Pragmatic Reduction of the Binding Conditions Revisited," *Journal of Linguistics* **27**, 107-161.

Levinson, Stephen C. (2000) *Presumptive Meaning: The Theory of Generalized Conversational Implicature*, Cambridge：Cambridge University Press.（田中廣明・五十嵐海理訳（2007)『意味の推定―新グライス学派の語用論―』，研究社.）

Levinson, Stephen C. (2004) "Deixis," in L. R. Horn and G. Ward (eds.), *The Handbook of Pragmatics*, Oxford：Blackwell, 97-121.

Lewis, David (1979) "Scorekeeping in a Language Game," in R. Bauerle *et al.* (eds.), *Semantics from Different Points of View*, Berlin：Springer, 172-187.

Lyons, John (1981) *Language, Meaning and Context*, London：Fontana Press.

Mao, LuMing Robert (1994) "Beyond Politeness Theory：'Face' revisited and renewed," *Journal of Pragmatics* **21**, 451-486.

Matsumoto, Yoshiko (1988) "Reexamination of the Universality of Face: Politeness Phenomena in Japanese," *Journal of Pragmatics* **12**, 403-426.

Meibauer, Jorg (2008) "Tautology as Presumptive Meaning," *Pragmatics and Cognition* **16**, 439-470.

Mills, Sara (2003) *Gender and Politeness*, Cambridge：Cambridge University Press.

Mittwoch, Anita (1977) "How to Refer to One's Own Words：Speech-act Modifying Adverbials and the Performative Analysis," *Journal of Linguistics* **13**, 177-189.

Morgan, J. L. (1978) "Two Types of Convention in Indirect Speech Acts," in P. Cole (ed.), *Syntax and Semantics 9: Pragmatics*, London：Academic Press, 261-280.

Murata, Kazuyo (2011) "Relational Practice in Meeting Discourse in New Zealand and Japan：A Cross Cultural Study," Unpublished PhD Thesis, Victoria University of Wellington, New Zealand.

Murata, Kazuyo (2012) "An Empirical Study on Politeness from the Hearer's Perspective：How Do Japanese Business Professionals Evaluate Humour in New Zealand Business Meetings?" in A. Yoshimura, A. Suga and N. Yamamoto (eds.), *Observing Linguistic Phenomena*, Tokyo：Eihosha, 485-494.

Napoli, Jo Donna and Jack Hoeksema (2009) "The Grammatical Versatility of Taboo Terms," *Studies in Language* **33**, 612-643.

Noh, Eun-Ju (1995) "A Pragmatic Approach to Echo Questions," *UCL Working Papers in Linguistics* 7, 104-140.

Noh, Eun-Ju (2000) *Metarepresentation*, Amsterdam：John Benjamins Publishing Company.

Nunberg, G. (1979) "The Non-Uniqueness of Semantic Solutions：Polysemy," *Linguistics and Philosophy* 3, 143-164.

Nunberg, G. (1993) "Indexicality and Deixis," *Linguistics and Philosophy* 16, 1-43.

Perner, Josef (1991) *Understanding the Representational Mind*, Cambridge, MA：The MIT Press.

Pinker, Steven (2007) *The Stuff of Thought: Language as a Window into Human Nature*, London：Penguin Books. (幾島幸子・桜内篤子訳 (2009)『思考する言語（上）（下）』，日本放送出版協会.)

Portner, Paul (2007) "Instructions for Interpretation as Separate Performatives," in K. Schwabe and S. Winkler (eds.), *On Information Structure, Meaning and Form*, Amsterdam：John Benjamins, 407-426.

Potts, Christopher (2005) *The Logic of Conventional Implicature*, Oxford：Oxford University Press.

Potts, Christopher (2007) "The Expressive Dimension," *Theoretical Linguistics* 33, 165-197.

Potts, Christopher and Shigeto Kawahara (2004) "The Performative Content of Japanese Honorifics," in Watanabe Kazuha and Robert B. Young (eds.), *Proceedings of the 14th Conference on Semantics and Linguistic Theory*, Ithaca, NY：CLC Publications, 235–254.

Potts, Christopher and Thomas Roeper (2006) "The Narrowing Acquisition Path：From Expressive Small Clauses to Declaratives," in Ljiljana Progovac, Kate Paesani, Eugenia Casielles and Ellen Barton (eds.), *The Syntax of Nonsententials: Multi-disciplinary Perspective*, Amsterdam：John Benjamins, 183-201.

Recanati, F. (2004) *Literal Meaning*, Cambridge：Cambridge University Press.

Riddiford, Nicky and Jonathan Newton (2010) "Workplace Talk in Action：An ESOL Resource," Victoria University of Wellington, New Zealand.

Sadock, J. M. (1974) *Toward a Linguistic Theory of Speech Acts*, New York：Academic Press.

Searle, John R. (1969) *Speech Acts: An Essay in the Philosophy of Language*, Cambridge：Cambridge University Press. (坂本百大・土屋　俊訳 (1986)『言語行為：言語哲学への試論』，勁草書房.)

Searle, John R. (1979) *Expression and Meaning: Studies in the Theory of Speech Acts*, Cambridge：Cambridge University Press. (山田友幸監訳・高橋　要・野村恭史・三好潤一郎訳 (2006)『表現と意味：言語行為論研究』，誠信書房.)

Searle, John (1989) "How Performatives Work," *Linguistics and Philosophy* 12, 535-558

Searle, John (1998) *Mind, Language and Society*, New York：Basic Books.

Searle, J. and D. Vanderveken (1985) *Foundations of Illocutionary Logic*, Cambridge：Cambridge University Press.

Smith, Barry C. (2010) "Meaning, Context, and How Language can Surprise Us.," in Belen Soria and Esther Romero (eds.), *Explicit Communication: Robyn Carston's Pragmatics*, New York: Palgrave Macmillan, 92-108.

Smith, N. V. (ed.) (1982) *Mutual Knowledge*, New York: Academic Press.

Spencer-Oatey, Helen, (ed.) (2000) *Culturally Speaking: Managing Rapport through Talk across Cultures*, London: Continuum.

Spencer-Oatey, Helen and Jianyu Xing (2003) "Managing Rapport in Intercultural Business Interactions: A Comparison of Two Chinese-British Welcome Meetings," *Journal of Intercultural Studies* **24**(1), 33-46.

Sperber, Dan (ed.) (2000) *Metarepresentations: A Multidisciplinary Perspective*, London: Oxford University Press.

Sperber, Dan and Deirdre Wilson (1981) "Irony and the Use-Mention Distinction," in Peter Cole (ed.), *Radical Pragmatics*, New York: Academic Press, 295-318.

Sperber, Dan and Deirdre Wilson (1995) *Relevance: Communication and Cognition* Second edition, Oxford: Blackwell.

Stainton, R. J. (2004) "The Pragmatics of Non-sentences," in L. R. Horn and G. Ward (eds.), *The Handbook of Pragmatics*, Oxford: Blackwell, 266-287.

Stainton, R. J. (2008) "In Defense of Non-Sentential Assertion," in Z. G. Szabo (ed.), *Semantics vs. Pragmatics*, Oxford: Oxford University Press, 383-457.

Stanley, Jason (2000) "Context and Logical Form," *Linguistics and Philosophy* **23**, 391-432.

Tannen, Demorah and Muriel Saville-Troike (eds.) (1985) *Perspectives on Silence*, New Jersey: Ablex publishing Corporation.

Thomas, J. (1995) *Meaning in Interaction: An Introduction to Pragmatics*, London／New York: Longman. (浅羽亮一監修・田中他訳 (1998)『語用論入門』, 研究社出版.)

Utsumi Akira (2000) "Verbal Irony as Implicit Display of Ironic Environment: Distinguishing Ironic Utterances from Nonirony," *Journal of Pragmatics* **32**, 1777-1806.

Van Canegem-Ardijns, Ingrid and William Van Belle (2008) "Conditionals and Types of Conditional Perfection," *Journal of Pragmatics* **40**, 349-376.

Vanderveken, Daniel (1990) *Meaning and Speech Acts* Vol.1, Cambridge: Cambridge University Press. (久保 進監訳・西山文夫・渡辺扶美枝・渡辺良彦訳 (1997)『意味と発話行為』, ひつじ書房.)

Verschueren, Jef (1999) *Understanding Pragmatics*, London: Arnold. (東森 勲監訳・五十嵐海理・春木茂宏・大村吉弘・塩田英子・飯田由幸訳 (2010)『認知と社会の語用論：統合的アプローチを求めて』, ひつじ書房.)

Wajnryb, Ruth (2005) *Expletive Deleted $&#@*!: A Good Look at Bad Language*, New York: Free Press.

Watts, Richard J. (2003) *Politeness*, Cambridge: Cambridge University Press.

Wierzvicka, Anna (1987) *English Speech Act Verbs: A Semantic Dictionary*, New York: Academic

Press.

Wilson, Deirdre (1975) *Presuppositional and Non-Truth-Conditional Semantics*, New York：Academic Press.

Wilson, Deirdre (1995) "Is There a Maxim of Truthfulness?" *UCL Working Papers in Linguistics* **7**, 197-212.

Wilson, Deirdre (2000) "Metarepresentation in Linguistic Communication," in Dan Sperber (ed.), *Metarepresentations*, 411-448.

Wilson, Deirdre (2006) "The Pragmatics of Irony：Echo or Pretence," *Lingua* **116**, 1722-1743.

Wilson, Deirdre and Dan Sperber (1992) "On Verbal Irony," *Lingua* **87**, 53-76.

Wilson, Deirdre and Dan Sperber (2000) "Truthfulness and Relevance." *UCL Working Papers in Linguistics* **12**：215-254.

Wilson, Deirdre and Dan Sperber (2002) "Truthfulness and Relevance." *Mind* **111**(443), 583-632.

Wilson, Deirdre and Dan Sperber (2012) *Meaning and Relevance*, Cambridge：Cambridge University Press.

Yanofsky, N. (1978) "NP Utterances," *Chicago Linguistics Society* **14**, 491-502.

Zwicky, Arnold M. (1974) "Hey, Whatsyourname!," *Chicago Linguistic Society* **10**, 787-801.

●文献追記（2016年11月）
飯野勝巳（2007）『言語行為と発話解釈』，勁草書房．
久保　進（2014）『言語行為と調整理論』，ひつじ書房．
中野弘三・服部義弘・小野隆啓・西原哲雄監修（2015）『英語学・言語学用語辞典』，開拓社．
西尾純二（2015）『マイナスの待遇表現行動：対象を低く悪く扱う表現への規制と配慮』，くろしお出版．

Allan, K., and Jaszczolt, K. M. eds. (2012) *The Cambridge Handbook of Pragmatics*, Cambridge：Cambridge University Press.

Carston, Robyn (2002) *Thoughts and Utterances: The Pragmatics of Explicit Communication*, Oxford：Blackwell.

Corballis, Michael C. (2011) *The Recursive Mind: The Origins of Human Language, Thought, and Civilization*, Princeton：Princeton University Press.

Culpeper, Jonathan (2011) *Impoliteness: Using Language to Cause Offence*, Cambridge：Cambridge University Press.

Kissine, Mikhail (2013) *From Utterance to Speech Acts*, Cambridge：Cambridge University Press.

Leech, G. N. (2014) *The Pragmatics of Politeness*, Oxford：Oxford University Press.

Recanati, F. (2014) *Truth-Conditional Pragmatics,* Oxford：Clarendon Press.

Wharton, Tim (2009) *Pragmatics and Non-Verbal Communication*, Cambridge：Cambridge University Press.

索　引

▶あ 行

愛情語（endearment）　135
相手（addressee）　131
曖昧性（ambiguity）　27
あからさまに言う（bald on record）　111
アコモデーション（accommodation）　25
アドレス（address）　131
一般化された会話的含意（generalized conversational implicature）　44
意図（intention）　5
意味する（mean）　7
意味的含意（entailment）　53
言われたこと（what is said）　35
隠喩（metaphor）　43
エコー・クエスチョン（繰り返し疑問）（echo question）　81
FTA（face threatening act）　109
婉曲表現（euphemism）　137
音声行為（phonetic act）　96

▶か 行

解釈する（interpret）　35
解読する（decode）　35
「会話的」　45
会話的含意（conversational implicature）　45
会話の公準（Conversational Maxims）　37
からかい語（friendly banter）　139
含意（implicature）　35
含意されたこと（what is implicated）　35
関係の公準（Maxim of Relation）　37
慣習的含意（conventional implicature）　44
感情表明型（expressives）　100
緩叙法（meiosis）　43
間接発話行為（indirect speech act）　99, 121

完全特定化不可能（not fully determinable）　45
慣用的間接性（conventional indirectness）　122
関連性理論（relevance theory）　49
緩和表現（hedged performative）　124
偽（false）　58
基数（cardinals）　57
強意語　140
協調の原則（Cooperative Principle）　37
共有情報（common ground）　23
共有知識（shared knowledge/common knowledge）　91
位（ranking）　57
グライス（Grice）　7, 36
計算可能性（calculability）　45
軽蔑語（derogatory term）　135
言外にほのめかす（off-record）　111
言語ストラテジー（linguistic strategies）　109
言語的知識（linguistic knowledge）　35
故意に違反する（flout）　41
行為拘束型（commissives）　100
行為指導型（directives）　100
効果生成型（effectives）　100
公準（maxim）　37
心の理論（theory of mind）　88
呼称（address term）　131
誇張法（hyperbole）　43
コール（call）　131
コンテクスト（context）　13

▶さ 行

時間直示（time deixis）　16
自己言及的（self-referential）　7
事前条件（preparatory condition）　101
質の公準（Maxim of Quality）　37

社会的規約(conventions)　99
社会的状況(social environment)　14
社会的直示(social deixis)　20
尺度含意(scalar implicature)　54
自由拡充(free enrichment)　29
自由間接話法(free indirect speech)　79
条件完成(conditional perfection)　67
省略(ellipsis)　29
真(true)　58
親愛語(familiarizer)　135
心的態度(attitudes)　10
真理値(truth value)　58
真理表(truth table)　59

遂行発話(performative utterance)　94
推論(inference)　33, 64
数量詞(quantifier)　56

誓言(swearing)　136
誠実性条件(sincerity condition)　101
精神的浄化(catharsis)　136
前提(presupposition)　24
　　──の取り消し(cancellabillty)　26
　　──の引き金(presupposition-trigger)　24

▶た　行

第一義的行為(primary act)　98
対応(mapping)　58
対人的意味(interpersonal meaning)　4
態度のダイクシス(attitudinal deixis)　20
第二義的行為(secondary act)　98
タイプ(type)　3
他人の心の読み取り(mind reading)　34, 88
タブー語(taboo term)　136
談話状況(discourse situation)　14
談話直示(discourse deixis)　19

中断(suspend)　55
直示表現(deictic expression)　2, 15
直接発話行為(direct speech act)　99
直接話法(direct speech)　4, 77
陳述表示型(representatives)　99

強い表現(strong expression)　54

適切性条件(felicity conditions)　101
伝達後明示可能性(reinforceability)　45

同語反復(tautology)　43
投射の問題(projection problem)　26
同値関係(equivalence)　66
特殊化された会話の含意(particularized conversational implicature)　44
トークン(token)　3
トートロジー(tautology)　70
取り消し可能性(含意の)(cancellability)　45

▶な　行

内容(content)　5

日常言語(ordinary language)　36
人称直示(person deixis)　16
認知状況(cognitive environment)　14

ネガティブ・フェイス(negative face)　109
ネガティブ・ポライトネス(negative politeness)　111, 117

ののしり(cursing)　137
呪い(malediction)　137

▶は　行

場所直示(space deixis)　17
発語行為(locutionary act)　4, 96
発語内行為(illocutionary act)　96
発語媒介行為(perlocutionary act)　96
発話(utterance)　1
発話行為(speech acts)　94
　　──を修飾する副詞表現(speech-act modifying adverbials)　85
発話状況(utterance situation)　13
　　──からの分離不可能性(non-detachablity)　45
発話(内)の力(illocutionary force)　98
話し手の意味(speaker's meaning)　7, 132
反射的(reflexive)　7
判定宣告型(verdictives)　100

非会話的含意(non-conversational implicatue)　45

非慣習性(non-conventionality) 45
非慣習的含意(non-conventional implicature) 45
否定対極表現(negative polarity item) 140
否認(denial) 84
非包含的解釈(exclusive disjunction) 62
非明示的(implicit) 33
表示(representation) 4
表示的意味(representational meaning) 4
描出話法(represented speech) 79
表明的意味(expressive meaning) 131

フェイス(face) 108
フェイスを脅かす行為(face threatening act：FTA) 109
物理的状況(physical environment) 13
物理的媒体(inscriptions) 4
普遍性(universality) 45

包含的解釈(inclusive disjunction) 62
飽和(saturation) 28
ポジティブ・フェイス(positive face) 109
ポジティブ・ポライトネス(positive politeness) 111, 113
ほのめかし(innuendo) 42
ポライトネス(politeness) 108
　　──と文化的側面 126
　　──の原則(politeness principle) 108
ポライトネス・ストラテジー(politeness strategies) 110
本質条件(essential condition) 101

▶ま　行

矛盾(contradiction) 43, 71

明示的(explicit) 33
明示的遂行発話(explicit performative utterance) 94
命題(proposition) 6, 29
メタ言語否定(metalinguistic negation) 85
メタ表示(metarepresentation) 76
メタ表示否定(metarepresentational negation) 84

文字通りの意味(literal meaning) 35
文字通りの行為(literal act) 98
モーダス・トレンス(modus tollens) 65
モーダス・ポーネンス(modus ponens) 65

▶や　行

誘導推論(invited inference) 67

様態の公準(Maxim of Manner) 37
呼びかけ語(vocative) 131, 133
弱い表現(weak expression) 54

▶ら　行

量の公準(Maxim of Quantity) 37
ルーストーク(loose talk) 49
論理語(logical words) 58, 64
論理実証主義(logical positivism) 36

英和対照用語一覧

語用論にかかわるキーワードの英和対照一覧を作成した.

▶ A

accommodation　　アコモデーション
address　　アドレス
ambiguity　　曖昧性
attitudes　　心的態度
attitudinal deixis　　態度のダイクシス

▶ B

bald on record　　あからさまに言う

▶ C

calculability　　計算可能性
call　　コール
cancellability　　（含意の）取り消し可能性
cancellabillty　　前提の取り消し
catharsis　　精神的浄化
cognitive environment　　認知状況
commissives　　行為拘束型
common ground　　共有情報
conditional perfection　　条件完成
context　　コンテクスト
contradiction　　矛盾
conventional implicature　　慣習的含意
conventional indirectness　　慣用的間接性
conventions　　社会的規範
conversational implicature　　会話的含意
Conversational Maxims　　会話の公準
Cooperative Principle　　協調の原則
cursing　　ののしり

▶ D

deictic expression　　直示表現
denial　　否認
derogatory term　　軽蔑語
direct speech　　直接話法
direct speech act　　直接発話行為
directives　　行為指導型

discourse deixis　　談話直示
discourse situation　　談話状況

▶ E

echo question　　エコー・クエスチョン（繰り返し疑問）
effectives　　効果生成型
ellipsis　　省略
endearment　　愛情語
entailment　　意味的含意
equivalence　　同値関係
essential condition　　本質条件
exclusive disjunction　　非包含的解釈
explicit　　明示的
explicit performative utterance　　明示的遂行発話
expressive meaning　　表明的意味
expressives　　感情表明型

▶ F

face　　フェイス
face threatening act (FTA)　　フェイスを脅かす行為
familiarizer　　親愛語
false　　偽
felicity conditions　　適切性条件
flout　　故意に違反する
free enrichment　　自由拡充
free indirect speech　　自由間接話法
friendly banter　　からかい語

▶ G

generalized conversational implicature　　一般化された会話的含意

▶ H

hedged performative　　緩和表現
hyperbole　　誇張法

▶ I

illocutionary act　発語内行為
illocutionary force　発話(内)の力
implicature　含意
implicit　非明示的
inclusive disjunction　包含的解釈
indirect speech act　間接発話行為
inference　推論
innuendo　ほのめかし
inscriptions　物理的媒体
interpersonal meaning　対人的意味
invited inference　誘導推論

▶ L

linguistic knowledge　言語的知識
linguistic strategies　言語ストラテジー
literal act　文字通りの行為
literal meaning　文字通りの意味
locutionary act　発語行為
logical words　論理語
loose talk　ルーストーク

▶ M

malediction　呪い
mapping　対応
maxim　公準
Maxim of Manner　様態の公準
Maxim of Quality　質の公準
Maxim of Quantity　量の公準
Maxim of Relation　関係の公準
meiosis　緩叙法
metalinguistic negation　メタ言語否定
metaphor　隠喩
metarepresentation　メタ表示
metarepresentational negation　メタ表示否定
mind reading　他人の心の読み取り
modus ponens　モーダス・ポーネンス
modus tollens　モーダス・トレンス

▶ N

negative face　ネガティブ・フェイス
negative polarity item　否定対極表現
negative politeness　ネガティブ・ポライトネス
non-conventional implicature　非慣習的含意
non-conventionality　非慣習性
non-conversational implicatue　非会話的含意
non-detachablity　発話内容からの分離不可能性
not fully determinable　完全特定化不可能

▶ O

off-record　言外にほのめかす
ordinary language　日常言語

▶ P

particularized conversational implicature　特殊化された会話的含意
performative utterance　遂行発話
perlocutionary act　発語媒介行為
person deixis　人称直示
phonetic act　音声行為
physical environment　物理的状況
politeness　ポライトネス
positive face　ポジティブ・フェイス
positive politeness　ポジティブ・ポライトネス
preparatory condition　事前条件
presupposition　前提
presupposition-trigger　前提の引き金
primary act　第一義的行為
projection problem　投射の問題
proposition　命題

▶ R

reinforceability　伝達後明示可能性
relevance theory　関連性理論
representational meaning　表示的意味
representatives　陳述表示型
represented speech　描出話法

▶ S

saturation　飽和
scalar implicature　尺度含意
secondary act　第二義的行為
self-referential　自己言及的
shared knowledge/common knowledge　共有知識
sincerity condition　誠実性条件
social deixis　社会的直示
social environment　社会的状況

space deixis　場所直示
speech acts　発話行為
speech-act modifying adverbials　発話行為を修飾する副詞表現
strong expression　強い表現
suspend　中断
swearing　誓言

▶ T

taboo term　タブー語
tautology　トートロジー(同語反復)
theory of mind　心の理論
time deixis　時間直示
token　トークン
true　真

truth table　真理表
truth value　真理値
type　タイプ

▶ U

utterance　発話
utterance situation　発話状況

▶ V

verdictives　判定宣告型
vocative　呼びかけ語

▶ W

weak expression　弱い表現

編者略歴

中島 信夫(なかしまのぶお)

1948年　兵庫県に生まれる
1977年　名古屋大学大学院文学研究科博士前期課程修了
現　在　甲南大学名誉教授
　　　　文学修士

朝倉日英対照言語学シリーズ 7
語　用　論　　　　　　　　定価はカバーに表示

2012年8月25日　初版第1刷
2017年2月10日　　　第4刷

　　　　　　　　　編　者　中　島　信　夫
　　　　　　　　　発行者　朝　倉　誠　造
　　　　　　　　　発行所　株式会社　朝　倉　書　店
　　　　　　　　　　　　　東京都新宿区新小川町6-29
　　　　　　　　　　　　　郵便番号　162-8707
　　　　　　　　　　　　　電話　03(3260)0141
　　　　　　　　　　　　　FAX　03(3260)0180
　　　　　　　　　　　　　http://www.asakura.co.jp

〈検印省略〉

© 2012〈無断複写・転載を禁ず〉　　　　教文堂・渡辺製本

ISBN 978-4-254-51577-0　C 3381　　Printed in Japan

JCOPY 〈(社)出版者著作権管理機構 委託出版物〉

本書の無断複写は著作権法上での例外を除き禁じられています。複写される場合は、そのつど事前に、(社)出版者著作権管理機構(電話 03-3513-6969, FAX 03-3513-6979, e-mail: info@jcopy.or.jp)の許諾を得てください。

学習院大 中島平三編

言 語 の 事 典

51026-3 C3581　　　　B 5 判 760頁 本体28000円

言語の研究は、ここ半世紀の間に大きな発展を遂げてきた。言語学の中核的な領域である音や意味、文法の研究の深化ばかりでなく、周辺領域にも射程が拡張され、様々な領域で言語の学際的な研究が盛んになってきている。一方で研究は高度な専門化と多岐の細分化の方向に進んでおり、本事典ではこれらの状況をふまえ全領域を鳥瞰し理解が深められる内容とした。各章でこれまでの研究成果と関連領域の知見を紹介すると共に、その魅力を図表を用いて平明に興味深く解説した必読書

学習院大 中島平三・岡山大 瀬田幸人監訳

オックスフォード辞典シリーズ
オックスフォード 言語学辞典

51030-0 C3580　　　　A 5 判 496頁 本体12000円

定評あるオックスフォード辞典シリーズの一冊。P.H.Matthews編"Oxford Concise Dictionary of Linguistics"の翻訳。項目は読者の便宜をはかり五十音順配列とし、約3000項目を収録してある。本辞典は、近年言語研究が急速に発展する中で、言語学の中核部分はもとより、医学・生物学・情報科学・心理学・認知科学・脳科学などの周辺領域も幅広くカバーしている。重要な語句については分量も多く解説され、最新の情報は訳注で補った。言語学に関心のある学生、研究者の必掲書

計量国語学会編

計 量 国 語 学 事 典

51035-5 C3581　　　　A 5 判 448頁 本体12000円

計量国語学とは、統計学的な方法を用いて、言語や言語行動の量的側面を研究する学問分野で、近年のパソコンの急激な普及により広範囲な標本調査、大量のデータの解析が可能となり、日本語の文法、語彙、方言、文章、文体など全分野での分析・研究に重要な役割を果たすようになってきている。本書は、これまでの研究成果と今後の展望を解説した集大成を企図したもので、本邦初の事典である。日本語学・言語学を学ぶ人々、その他幅広く日本語に関心を持つ人々のための必読書

前早大 中村　明・早大 佐久間まゆみ・
お茶の水大 髙崎みどり・早大 十重田裕一・
共立女子大 半沢幹一・早大 宗像和重編

日本語 文章・文体・表現事典

51037-9 C3581　　　　B 5 判 848頁 本体19000円

文章・文体・表現にその技術的な成果としてのレトリック、さらには文学的に結晶した言語芸術も対象に加え、日本語の幅広い関連分野の知見を総合的に解説。気鋭の執筆者230名余の参画により実現した、研究分野の幅および収録規模において類を見ないわが国初の事典。〔内容〕文章・文体・表現・レトリックの用語解説／ジャンル別文例／文章表現の基礎知識／目的・用途別文章作法／近代作家の文体概説・表現鑑賞／名詩・名歌・名句の表現鑑賞／文章論・文体論・表現論の文献解題

東京成徳大 海保博之・聖学院大 松原　望監修
東洋大 北村英哉・早大 竹村和久・福島大 住吉チカ編

感情と思考の科学事典

10220-8 C3540　　　　A 5 判 484頁 本体9500円

「感情」と「思考」は、相対立するものとして扱われてきた心の領域であるが、心理学での知見の積み重ねや科学技術の進歩は、両者が密接に関連してヒトを支えていることを明らかにしつつある。多様な学問的関心と期待に応えるべく、多分野にわたるキーワードを中項目形式で解説する。測定や実践場面、経済心理学といった新しい分野も取り上げる。〔内容〕I. 感情／II. 思考と意思決定／III. 感情と思考の融接／IV. 感情のマネジメント／V. 思考のマネジメント

学習院大 中島平三監修・編
シリーズ朝倉〈言語の可能性〉1
言 語 学 の 領 域 Ⅰ
51561-9 C3381　　　A 5 判 292頁 本体3800円

言語学の中核的領域である言語の音,語句の構成,それに内在する規則性や体系性を明らかにし,研究成果と課題を解説。〔内容〕総論／音声学／音韻論／形態論／統語論／語彙論／極小主義／認知文法／構文文法／機能統語論／今後の可能性

学習院大 中島平三監修　前都立大 今井邦彦編
シリーズ朝倉〈言語の可能性〉2
言 語 学 の 領 域 Ⅱ
51562-6 C3381　　　A 5 判 224頁 本体3800円

言語学の伝統的研究分野といわれる音韻論・形態論・統語論などで解決できない諸課題を取上げ,その研究成果と可能性を解説。〔内容〕総論／意味論／語用論／関連性理論／手話／談話分析／コーパス言語学／文字論／身体言語論／今後の可能性

学習院大 中島平三監修　津田塾大 池内正幸編
シリーズ朝倉〈言語の可能性〉3
言 語 と 進 化・変 化
51563-3 C3381　　　A 5 判 256頁 本体3800円

言語の起源と進化・変化の問題を様々な視点で捉え、研究の現状と成果を提示すると共に今後の方向性を解説。〔内容〕総論／進化論をめぐって／言語の起源と進化の研究／生態学・行動学の視点から／脳・神経科学の視点から／言語の変異／他

学習院大 中島平三監修　東大 長谷川寿一編
シリーズ朝倉〈言語の可能性〉4
言 語 と 生 物 学
51564-0 C3381　　　A 5 判 232頁 本体3800円

言語を操る能力は他の動物にみられない人間特有のものである。本巻では言語の生物学的基礎について解説。〔内容〕総論／動物の信号行動とコミュニケーションの進化／チンパンジーの言語習得／話しことばの生物学的基礎／言語の発生／他

学習院大 中島平三監修　鳥取大 中込和幸編
シリーズ朝倉〈言語の可能性〉5
言 語 と 医 学
51565-7 C3381　　　A 5 判 260頁 本体3800円

言語の異常が医学の領域で特徴的な症状をなす,失語症、発達障害、統合失調症を中心に、各疾患における言語の異常の性質やその病理学的基盤について、精神神経科、神経内科、心理学、脳科学、人文科学など様々な立場から最新の知見を解説

学習院大 中島平三監修　奈良先端科学技術大 松本裕治編
シリーズ朝倉〈言語の可能性〉6
言 語 と 情 報 科 学
51566-4 C3381　　　A 5 判 216頁 本体3800円

言語解析のための文法理論から近年の統計的言語処理に至る最先端の自然言語処理技術、近年蓄積が進んでいるコーパスの現状と言語学への関連、文書処理、文書検索、大規模言語データを対象とする幅広い応用について、最新の成果を紹介。

学習院大 中島平三監修　南山大 岡部朗一編
シリーズ朝倉〈言語の可能性〉7
言 語 と メ デ ィ ア・政 治
51567-1 C3381　　　A 5 判 260頁 本体3800円

言語とメディアと政治の相互関連性を平易に詳しく解説。〔内容〕序章／言語とメディア／プリント・メディアの言語表現／ニュース報道の言語表現／テレビにおけるCMの言語表現／映像メディアの言語表現／政治の言語と言語の政治性／他

学習院大 中島平三監修　前東京女子大学 西原鈴子編
シリーズ朝倉〈言語の可能性〉8
言 語 と 社 会・教 育
51568-8 C3381　　　A 5 判 288頁 本体3800円

近年のグローバル化の視点から、政治・経済・社会・文化活動に起因する諸現象を言語との関連で観察し研究された斬新な成果を解説。〔内容〕言語政策／異文化間教育／多文化間カウンセリング／異文化接触／第二言語習得／英語教育／他

学習院大 中島平三監修　宮城学院女子大 遊佐典昭編
シリーズ朝倉〈言語の可能性〉9
言 語 と 哲 学・心 理 学
51569-5 C3381　　　A 5 判 296頁 本体4300円

言語研究の基本的問題を検討しながら、言語獲得、言語運用と、これらを可能とする認知・心的メカニズムを、多角的アプローチから解説。〔内容〕総論／言語学から見た哲学／哲学から見た言語／一般科学理論と言語研究／言語の心理学的課題／他

学習院大 中島平三監修　東大 斉藤兆史編
シリーズ朝倉〈言語の可能性〉10
言 語 と 文 学
51570-1 C3381　　　A 5 判 256頁 本体3800円

言語と文学の本来的な関係性を様々な観点から検証し解説。〔内容〕総論／中世の英詩を読む／文体分析の概観と実践／幕末志士の歌における忠誠の表現と古典和歌／ユーモアの言語／文学言語の計量化とその展望／文学と言語教育／他

朝倉日英対照言語学シリーズ
全7巻

中野弘三・服部義弘・西原哲雄　[監修]

A5判　各巻160〜180頁

- 半期使用を想定した言語学科・英語学科向けテキスト．
- 日本語と英語の比較・対照により，言語学・英語学への理解を深める．
- 各巻各章末に演習問題を付す．解答解説を弊社HPにて公開．

第1巻　**言 語 学 入 門**　　168頁　本体2600円
　　　西原哲雄（宮城教育大学）編

第2巻　**音　声　学**　　168頁　本体2800円
　　　服部義弘（静岡大学名誉教授）編

第3巻　**音　韻　論**　　180頁　本体2800円
　　　菅原真理子（同志社大学）編

第4巻　**形　態　論**　　180頁　本体2700円
　　　漆原朗子（北九州市立大学）編

第5巻　**統　語　論**　　160頁　本体2700円
　　　田中智之（名古屋大学）編

第6巻　**意　味　論**　　160頁　本体2700円
　　　中野弘三（名古屋大学名誉教授）編

第7巻　**語　用　論**　　176頁
　　　中島信夫（甲南大学）編

上記価格（税別）は2017年1月現在